幼儿园耕读教育系列丛书

成长在耕读苑

徐菁　黄开惠　李江　王燕丽◎主编

河南人民出版社

图书在版编目（CIP）数据

成长在耕读苑 / 徐菁等主编 . — 郑州 ： 河南人民出版社，2022. 4
（幼儿园耕读教育系列丛书 / 张秋萍主编）
ISBN 978 - 7 - 215 - 13103 - 3

Ⅰ . ①成… Ⅱ . ①徐… Ⅲ . ①幼儿教育 - 教育研究
Ⅳ . ①G61

中国版本图书馆 CIP 数据核字（2022）第 056113 号

河南人民出版社 出版发行
（地址：郑州市郑东新区祥盛街 27 号 邮政编码：450016 电话：65788060）
新华书店经销　　　　　河南瑞之光印刷股份有限公司印刷
开本　710 毫米×1000 毫米　　　　1/16　　　印张　13
字数　198 千字　　　　　　　　　　　　　　彩插　8
2022 年 4 月第 1 版　　　　　　　　2022 年 4 月第 1 次印刷

定价：58. 00 元

河南省学前教育食育实践基地

耕读苑大门

生活区大门

快乐成长

草地足球

春天的秘密

放飞自我

跳动的中国心

2017 年青青学堂毕业照片

2018 年青青学堂毕业照片

2018 年青青学堂毕业照片

2021 年青青学堂毕业照片

序

"耕读传家久，诗书继世长。"耕而衣食足，哺育了世代中国人的身体；读而知礼仪，滋养着华夏儿女的心灵。耕读文化蕴含着自强不息、勇于担当的民族精神和浓重的家国情怀。习近平总书记强调"农村是我国传统文明的发源地""耕读文明是我们的软实力"。2021 年中央一号文件《中共中央　国务院关于全面推进乡村振兴加快农业农村现代化的意见》中明确提出"开展耕读教育"。2021 年 8 月教育部印发《加强和改进涉农高校耕读教育工作方案》，指出耕读教育践行"亦耕亦读"，具有树德、增智、强体、育美等综合性育人功能。

河南省实验幼儿园自 1992 年开始耕读教育的探索与实践，旨在将孩子的教育空间由校园延展至田园，将教学融入自然、教研根植于实践，让孩子的生活扎根于大地，这种勇于创新、勇于探索的精神是幼儿园不忘初心、牢记使命，开拓进取、砥砺前行的真实写照。耕读教育课程不仅是对幼儿园食育课程的延展与深化，也是幼儿园立足中原、面向未来、传承中华优秀传统文化的主动作为，具有较强的前瞻性和创新性。历时数载，河南省实验幼儿园耕读教育的影响日益扩大，涌现出了一批高水平成果，其中，《基于中国传统文化的幼儿园食育创新实践研究》2018 年被评为国家级教学成果二等奖等，即将出版的《幼儿园耕读教育课程指导》是他们的又一力作。

耕读教育是落实新时代立德树人根本任务的重要举措。孝悌力田、耕读并重不仅是中华民族的优良传统，还是儿童领悟"道法自然""修齐治平"，学习为人处世的重要路径。"耕"是在农田中挥洒汗水的身体修行，"读"是在古籍经典中遨游的心灵追求，读而废耕，衣食匮乏；耕而废读，礼仪遂亡。"耕"即"行"，"读"是"知"。躬耕实践的农事劳作与经世致用的读书求学，一动一静，知行合一，手脑并用，身心兼修，自古以来就是培养人全面发展的重要方式。随着新时代的发展，耕读教育也注入了新的内涵，融合了"五育"和全面发展的育人目标，是生命教育和全人教育的统一，能够有效改善教育重于智、疏于德、弱于体、轻于美、缺于劳的现状，促进儿童身心全面发展，是实现新时代立德树人根本任务的有效路径。幼儿期是立德树人的播种期，在学前教育领域率先开展耕读教育实践，就是为孩子健康成长奠基。

耕读教育是培养劳动意识、增强劳动能力的有效途径。2020年3月，中共中央、国务院印发《关于全面加强新时代大中小学劳动教育的意见》，提出要充分认识新时代培养社会主义建设者和接班人对加强劳动教育的新要求，提倡大力开展劳动教育实践，这既体现了劳动在教育中的重要意义和价值，同时也说明当前劳动教育存在一些问题，需要教育者进一步探索实施劳动教育的新方法。河南省实验幼儿园基于对劳动教育重要性的认识，开展了多年的耕读育人实践探索。劳动教育不只是劳动知识的学习，更是要走出狭小教室，走到田间地头，在真实的劳动场地里行动，将知识与劳动实践有机结合。儿童经历了田间拔草的真实劳动，才会区分出稗子与麦子的不同；经历了"锄禾日当午，汗滴禾下土"的辛苦劳作，才能真正产生"谁知盘中餐，粒粒皆辛苦"的惜物意识。幼年时的耕读实践，可以培养儿童尊重劳动的朴素情感，帮助儿童养成热爱劳动的品质，也有助于儿童形成艰苦朴素的良好习惯。

耕读教育是促进城乡教育协调发展、助力乡村振兴的有力抓手。耕读文化与乡村建设发展是相互依存与相互影响的关系，一方面乡村是耕读文化的空间载体，另一方面耕读文化的弘扬有利于培育文明乡风，有助于推动乡村科、教、文、卫等各项事业的发展，有助于提高群众的文化素质，丰富精神生活。乡村的自然资源、生活方式与文化形态是幼儿生命成长的鲜活养分，能够促进儿童身体、心理和精神的整体协调发展。河南省实验幼儿园在乡村创建了幼儿耕读教育实践基地，不仅种植了小麦、玉米、花生等粮食作物，还种植了梨树、杏树、桃树等果树以及萝卜、白菜、黄瓜等蔬菜，为城市儿童提供了亲近自然、亲近土地、亲近乡村的机会和空间，增强城市儿童对自然、对农业、对农村、对农民的认识。同时，也通过与当地农村幼儿园教师共同开发耕读教育资源的实践与行动，让乡村教师意识到农村也有宝贵的教育资源，城乡学前教育工作者互学互助，构建了城乡学前教育协调发展的良好生态。

从走进乡村自然空间，萌生耕读育人意识，到创建田园基地，探索耕读育人路径，再到构建耕读育人体系，河南省实验幼儿园深入田园，以中华优秀传统文化为根基，创新了新时代耕读育人理念和实践体系，形成了系列性耕读育人成果，实现了耕读养德、耕读增智、耕读健体、耕读润美、耕读促劳，为幼儿全面健康发展打下牢固基础。

人生百年，立于幼学。耕读教育，恒久流传。河南省实验幼儿园敢为人先的创新精神在幼儿教育领域树立了良好的榜样，预祝她为中国学前教育改革与发展作出更大的贡献！

朱清孟

（朱清孟，河南省关工委副主任，河南省委高校工委原书记，河南省教育厅原厅长、党组书记）

我的童年在树上

"你的童年在哪里？"

"50后"的人说："在山野里。"

"60后"的人说："在麦田里。"

"70后"的人说："在大院里。"

"80后"的人说："在胡同里。"

"90后"的人说："在家里。"

"00后"的人说："在电脑里。"

"10后"的人说："在手机里。"

我不敢再问下去……

世界越来越大，而孩子们的童年却越来越小。现今生活中孩子们性格极端、自闭、肥胖、弱视、学习障碍等问题，是否与日趋狭小的生活环境有关？我想，它一定与之有关。我不禁为孩子们和民族的未来深深担忧。因为胸怀世界的人生格局与童年的"眼界"密切相连。

童年需要触摸真实的世界，比如与小伙伴玩耍、在阳光里奔跑、和昆虫做朋友、同小苗一起成长……

我的童年在树上！

桐树脆、枣树扎、柿树韧、花椒枝条把脸划……这些都是我玩树的总结。回想起来，我童年的幸福与快乐就是在树枝上惬意地摇荡，就是割草喂猪的沿途花香，就是我忘不掉的鸡妈妈、鸭阿姨，就是忠实的小狗和可爱的蚕宝宝，就是在"温泉"河里探寻小鱼小虾和在"冰泉"河面打水漂……

我的童年在树上！

夏天到了，树上的知了叫个不停，鸟妈妈的巢穴里小鸟叽叽地闹，马蜂窝捅不得，蚂蚁会爬树，最甜的果子在高处，登上高处才能瞭望远山……原来，大树就是自然妈妈送给我最大的玩具、最好玩的玩具、最有智慧的玩具。

回首我的童年，我不记得爸爸妈妈给我买过一样玩具，但是妈妈给我缝制的书包，不仅仅能装书，还能装土、装果，甚至能在捉迷藏时把它罩在头上当蒙眼的布。捡到的鸡毛，也不会轻易扔掉，总会挑出最漂亮的做成毽子，把它当成心中的至宝。一只碗破碎了，还舍不得扔掉，在碗底一点一点地敲，敲出那个圆圆的底，用来做游戏。我们没有老师带，也没有大人教，只有同伴之间的互帮互助，只有大带着小，常常玩得忘记了吃饭、忘记了回家，玩到昏天黑地，玩到月亮上了树梢……

我是玩大的，你们是玩大的吗？

我15岁之前生活在农村。每年农忙，我们都会随着大人一起下地干活，捡麦穗、点豆子、种花生、掰玉米、溜红薯……在大人的眼里，这些也许是辛苦的劳动，但在我的眼里，就是玩，就是游戏，就是娱乐。至今，烤麦子的清香还一直萦绕在我的鼻尖。掐一把狗尾巴草，就编成了一顶小帽子；落在地上的柿子花，被我们小心翼翼地拾起，用针线串成项链、手链……那种感觉真的很美妙。

当我成为一名教育工作者后才发现，在童年的劳动体验中，没有一个孩子把劳动当劳动，都把劳动当游戏；没有一个孩子把游戏当游戏，都把游戏当生活；没有一个孩子把生活当生活，都把生活当自己。

劳动，让孩子成为掌握生存、生活、生命智慧的孩子。

啊，原来我是这么富有！那是天地的馈赠，那是"无意"的"有意"。

我的童年在树上！不得不说，拥有树上的童年、田野里的童年、撒野的童年，这是真实的童年，我幸运之至……

小风吹发翘啊翘，大风吹人跑啊跑，这些是我玩风的体验。

雪花白，冰凌凉，冬天手脚生冻疮，这些是我玩雪的收获。

玩，让孩子成为"自然的孩子"。

"灯笼会，灯笼会，灯笼灭了回家睡。"这是每年正月十五挑灯笼时背的顺口溜，小伙伴们端着、提着家人用杂粮面蒸制的各种灯盏，挨家挨户地串门送祝福，菜油点完了，灯盏被吃到了肚子里，心里的灯却一直亮着。

小时候的我，因无幼儿园可上，上学前的记忆都是在妈妈、爸爸的背上睡着；或是在爸爸耙地的筐里坐着，看他把耙齿深深插在土里，把地耙得平平整整。妈妈的纺车和织布机都成了我肆意摆弄的学具：棉线被拧在纺车轴上的挫败感和挫败时母亲不厌其烦的讲解指导，让我体会到了血缘亲情；梭子穿过经线和纬线，"紧密"了我与父母的情和爱、缠和绵。

玩，让孩子成为"父母的孩子"。

麦子丰收了，家家户户把木锨、石碾子等劳动工具都集中在麦场上，你用完我用，我用完你用，我借你的锨，你借我的车，让孩子学会了交往、友善、互助、分享！因为怕晚上下雨，家家户户的孩子和大人们一起睡在麦堆旁边，麦秸铺开就成了床铺，孩子们一个一个躺了下来，仰望星空，开启了与天地自然的对话。天书被打开，童话世界扑面而来！

玩，让孩子成为"社会的孩子"。

让我们把视野再转回贴满符号、坐满人的教室和屋子里吧，许多家长和老师正在以爱的名义，剥夺着孩子们唯一的、不可逆的宝贵童年。孩子们看似在享受越来越优越的物质环境，但是，你可知道他们童年真正的幸福又有多少？教室里戴眼镜的孩子是不是越来越多了？儿童医院的大楼是不是越盖越高了？厌学和厌世的孩子是不是也越来越多了呢？

请你再跟我回到河南省实验幼儿园的耕读教育研学基地这个天地

课堂里吧。在这里，孩子们用明亮的眼睛告诉我，沐浴着阳光很温暖；用灿烂的笑容告诉我，听到小鸟的歌声很幸福；用拔萝卜、抬白菜的身影告诉我，他们是个大力士；用照顾小羊吃草、照顾孔雀宝宝的行为告诉我，他们长本领了；用包饺子、蒸红薯、炒花生散发的美味告诉我，食物产自大地；用奔跑的身影和爬树的敏捷告诉我，他们拥有了强健的体魄。在这里，他们自己动手洒扫庭院、洗衣洗袜，表达对父母、老师、天地的感谢与感恩。总之，在耕读研学的天地课堂里，你看到的童年是真的、实的、有趣的，是可爱的、有用的、难忘的、有特殊意义的……

2014 年，耕读苑开营的时候，我为孩子们写下几句话："从今天起，风属于你们，风景将开放在你们的眼前。从今天起，雨属于你们，雨露将浇灌你们的心灵。从今天起，星星将为你们放哨，月亮将为你们照明。"

看，一段柳树皮已经被孩子们做成了哨子；听，耕读之歌已经唱响……

张秋萍

（张秋萍，河南省学前教育发展中心主任，河南省实验幼儿园党委书记、园长）

回归中华食养之道，儿童食育从这里开始

"仓廪实则知礼节，衣食足则知荣辱。"(《管子·牧民》)

"王者以民人为天，而民人以食为天。"(《史记·郦生陆贾列传》)

很多人都问过这样一句话："为什么做食育？""就是为了孩子！"2007年，我们有幸认识了北京师范大学的沈立博士，在他的带领下，我们开始关注餐桌、食材、土地，也开始了对健康的真正思考。2011年，我们创建了儿童食育工坊，让孩子们认识、烹饪、分享食物，想达到乐食、礼食、康食的目的。随着常态化食育课程的开展，我们认识到：食育最大的课堂是天地、是自然。2012年，我们创建了耕读苑，使孩子们有了一个更真实、更广阔的天地课堂。在天地课堂里，我们遵照着"耕读传家久，诗书继世长"的古训，孩子们自然有了"锄禾日当午，汗滴禾下土"的亲身体验，通过种植、养殖、采摘、收获……又有了更多的食知、食操、食趣。2013年，我们认识了中国食养配餐开创者朱春兰老师，在她的指导下，懂得了食物和生命的链接关系，开始了因人而异、因体而异的食谱制定，了解了五谷为养、五果为助、五畜为益、五菜为充的食养智慧。时任河南中医药大学第二附属医院院长韩丽华带领她的团队，亲自参与到食育课题的研发中来，为孩子们做了9种体质辨识，从此开始了个性化食谱的制定，如过敏体质儿童食谱、肥胖儿童食谱、视力低下儿童食谱、体弱儿童食谱……还特别制定了周末及寒暑假家庭建议食谱，使得食育从理念到行为，从幼儿园到家庭，实现一年四季无缝对接，让食育真正成为孩子们德智体美劳全面发展的基础

保障。

　　十几年来，我们进行了无药班级健康管理尝试并取得成效，编写了一系列儿童食育读本和食育教材与课程：《向日葵的故事》《食物说明书》《幼学本草》《幼儿园食育课程指导》《家庭食育》《幼儿园食育环境创设》《耕读苑里的故事》《自然物语》《五行食育卡》等。十几年来，孩子们有了自我健康管理的意识，老师们的身心得到了滋养，影响了家庭和社会。"健康第一"，逐渐成为人们的共识。食育就是尊崇天地自然之道，传承中华优秀饮食文化，保护生态环境永续，增进人类身心灵康乐的基础教育。我们做食育的目的就是：以食育固身体之根，以传统文化铸精神之魂，让更多的人把健康牢牢地掌握在自己的手里，把拥有健康的智慧传给全世界。

张秋萍

　　（张秋萍，河南省学前教育发展中心主任，河南省实验幼儿园党委书记、园长）

目　录

四季更替，岁月如歌 //1

　　春　萌 //4

　　　　鲜嫩的荠菜 //5

　　　　有趣的插花 //10

　　　　别致的盆景 //12

　　　　做草垫 //15

　　　　樱桃红了 //18

　　　　四月学种向日葵 //20

　　夏　彩 //24

　　　　摘　桃 //25

　　　　薄荷叶 //27

　　　　田间舞台 //28

　　　　雨滴交响曲 //30

　　　　观光车 //32

　　　　大师小作 //34

　　秋　韵 //37

　　　　美味的红薯 //38

　　　　多味花生 //46

　　　　蒜瓣宝宝排排队 //54

　　　　柿子变身 //56

摘核桃//60

打枣去//62

冬　趣//64

拔萝卜//65

雪地摔跤比赛//68

我们的世界杯//71

神奇的小水沟//73

冬日里的温暖相聚
——耕读苑半日亲子活动纪实//76

联欢会//80

天地人和，生命赞歌 //83

花生里的小数字//86

"咯咯哒"别跑！让我画画你！//88

星光晚会//90

小小艺术家//92

探访牛宝宝//94

可爱的蚕宝宝//96

鸡上树了//98

蜜蜂学校//100

银杏树叶变变变//104

冬瓜的故事//109

拓　印//111

"滚"山坡//115

童年、"童"食、"童"乐//118

天地课堂
——童年·童真·童趣//123

特别的电影//129

生活课堂，成长之歌 //131

    小小值日生//134

    洒扫庭院//136

    倾听水之语，沐浴添活力//138

    月光足浴//140

    我的行李箱//142

    欢乐的绳索桥//144

    成长的路上等一等//147

    我们的后花园//149

    搭建临时厕所//152

    我是它们的小主人//155

    老师的寝室//157

    耕读苑里的"妈妈们"//159

    荡秋千中的数学游戏//165

真情难掩，一路欢歌 //167

    老师就是妈妈//170

    猜猜谁最长//177

    木桩游戏//179

    有趣的跷跷板//181

    拔呀拔//183

    保健医手记//185

依天傍地耕读苑// 188

依食而养 借食而育（后记）// 191

四季更替，岁月如歌

春生、夏长、秋收、冬藏。

四季更替，生命过程自然显现；寒来暑往，大自然的身姿旖旎变换。四季的风、雨、光、影，四季的田野、果林、小河、湖泊，那是孩子们的天堂。

孩子们对大自然有着与生俱来的探究欲望，他们渴望与植物对话，与动物低语，在沙土上奔跑，在草丛中发现昆虫，看蚂蚁搬家，为蚯蚓找妈妈，听蝉鸣低吟，听麻雀叽叽喳喳，看春天的种子慢慢发芽、开花结果，懂得什么是秋收冬藏。

春日播种

夏季戏水

秋日丰收

冬季玩雪

春 萌

盼望着，盼望着，春天来了。

盼望着，盼望着，耕读苑的田野绿了。

盼望着，盼望着，青青学堂的孩子们来了。

耕读苑的春天让人流连忘返，孩子们都深深地喜欢上这里。他们喜欢这里的花草树木，喜欢这里的鸡鹅牛羊，喜欢这里的蔬菜瓜果，喜欢这里踩上去软软的沙土。田野是新绿的，空气是清新的，孩子们是纯洁的，耕读苑到处呈现出生机与萌动。

鲜嫩的荠菜

　　春天的耕读苑生机勃勃，田野里处处可见鲜嫩的野菜，荠菜是最常见的一种。荠菜贴着地皮生长，味道鲜美，吃法多样。春天的耕读苑之行，挖荠菜、吃荠菜俨然就是孩子们的开春第一课。

挖荠菜

　　春姑娘从田野中缓缓走来，田野也好像披上了一层绿油油的薄纱，我和孩子们走进田间，探寻生命的秘密。

　　"孩子们，你们猜这是什么菜？这是荠菜，它们生命力很强，没有人照顾，它们自己发芽、生长。荠菜可以健脾胃，让我们的眼睛亮，而且每年只有 3 月份才有，是大自然送给我们的特别美味。你们仔细观察一下，荠菜长什么样？"

　　"一棵荠菜像是一朵花。"

　　"叶子像羽毛。"

　　"叶子上有小锯齿。"

　　"叶子的边上有小花边。"

　　"叶子细细长长。"

　　"它的叶子下面很小，上面变大。"

　　"孩子们，你们观察得很仔细，接下来让我们两两自由组合，开始寻找荠菜吧。"

小宇和雨泽抱着盆，眼睛睁得大大的，发现一棵，两人就蹲下身来，先用手把荠菜周围的泥土挖开，再用手拔一下，最后把荠菜放进盆里。一会儿工夫，一大盆荠菜就出现在我的眼前，他们兴高采烈地说："老师，你看，我们挖了满满一盆荠菜，快帮我们拍张照片吧。"菲菲挖荠菜就像小公鸡啄虫一样，一"啄"一个准。丁丁和上上眼巴巴地望着其他小朋友的盆，委屈地说："我们一棵荠菜也没有发现。""我们一起吧，看看是我们没发现，还是……"听了王老师的话，他们不再乱跑了，而是慢慢地绕着葡萄架认真地找了起来。那些荠菜不再像以前一样捉迷藏，都被他们一一给找了出来。一棵，两棵，三棵……不一会儿，一个个小盆都装满了。走喽，我们出发去择荠菜啦！

择荠菜

接下来我们要择荠菜了。

"孩子们，这些荠菜都可以吃吗？"

"黄叶子不能吃。"

"有洞洞的叶子不能吃。"

"对，我们要一起择荠菜。请你们把荠菜身

上已经变黄的衣服给'脱掉'，有'破洞'的衣服也'脱掉'，让它们变成干干净净的野菜吧！"我的话音刚落，孩子们便迫不及待地为荠菜"换装"。只见孩子们先把荠菜倒在地上，一棵一棵地拿起来，用小手一层层认真地剥开，一边检查一边嘟囔着："让我来看一看，你们有没有要脱掉的衣服呢？"一个稚嫩的声音传来："这棵荠菜和我一样，穿着三层衣服呢，都有'秋衣''毛衣'和'棉袄'呢。"哈哈，一旁的孩子们都被他逗乐了。

随着地上的荠菜一点点地变少，盆子里的荠菜慢慢地增多，小荠菜们"换装"结束，择荠菜环节就完美落幕啦。猜猜我们接下来要干什么呢？

洗荠菜

你听！哗啦啦，哗啦啦，原来是给小荠菜洗澡的时间到了呢。盆里的荠菜绿油油的、嫩嫩的，可是美中不足的是：它们身上还有好多泥土和灰尘。郎朗小心翼翼地捧着一盆荠菜，在水龙头下一边冲洗一边用手指搓，像是在给小荠菜搓澡一样，想要把每片叶子上的泥土都洗掉。可是随着盆里的水越来越多，小荠菜漂浮起来，掉到了水池里，郎朗大叫道："小荠菜游走了！怎么办？"

"我看看，我帮你捡。"

"你快把水龙头关了吧。"

"你的菜太多了，分给我一些。"

孩子们说着笑着就解决了问题。

小宇端起一盆荠

7

菜，拧开水龙头，一边接着水一边笑着对小伙伴说："我先给小荠菜泡个温泉吧。"小荠菜就像穿着绿衣服的小孩子一样，在水里自由自在地游泳。

沫沫拿起一棵荠菜，把水龙头开得小小的，在细细的水流下一片一片地洗着叶子，洗洗看看、看看洗洗，把小女生的温柔细腻表现得淋漓尽致。

自然界本身就是一本生动的百科全书，可以演绎出很多内容，孩子们在挖荠菜、择荠菜、洗荠菜的过程中感受到了大自然的奇妙与独特魅力。

包荠菜馅饺子

终于，小荠菜们都准备就绪啦，我们迎来了孩子们最期待的一个环节——包饺子。

"我会包饺子，过年时奶奶教过我。"

"我会包三角形的饺子。"

"我擀皮吧，在家里都是我擀皮。"

二宝手上拿着一张饺子皮，另一只手用勺子把馅儿放在饺子皮上，正打算包起来，可是那些馅儿就是不听他的使唤，不是从左边冒出来，就是从中间跳出来，最后在他的不懈努力下，饺子馅终于乖乖听话啦。瞧，第一个作品诞生了，饺子馅似乎放得多了，看上去活像一个鼓着大肚子的"将军"呢！和童童包的那些"苗条淑女"比起来，二宝的饺子需要开展"减肥行动"喽！

凡凡也学着老师的模样，用左手托着皮，右手夹上满满一筷子馅儿，放在皮儿中央，把饺子皮的两端往中间一合，使劲一捏。不料，馅儿像小虫一样从饺子皮侧面钻了出去，于是他赶紧把馅儿堵住，可皮儿仍旧"张着大嘴"，弄了半天，皮儿就是合不拢"嘴"。老师走过来给他做了个示范，把饺子皮的两端往外一揪，再往上一合，用虎口使劲一捏，一个胖嘟嘟的"小白鹅"就完成啦。

　　正如克雷洛夫所说："只有用劳动换来的面包，吃起来才是最香甜的。"一分劳动，一分收获，今天的饺子肯定特别好吃！

有趣的插花

午后的阳光穿过葡萄架，洒落在孩子们身上。一个声音打破了这里的宁静："我在地上捡到了一朵漂亮的花！"

孩子们一下子被吸引了过来。

"哇！是一朵小黄花！"

"可真漂亮呀！"

"插起来肯定更好看。"

听到孩子们的讨论声，我一下子有了新主意，决定带他们去后面的田园里"淘宝"。

"孩子们，我们一起去寻找散落在地上的花朵和小草吧！"

我的提议马上得到了孩子们的认可。

孩子们在墙角下、大树旁、沙土边、草丛中全神贯注地寻找着，生怕错过了花花草草。每捡到一朵好看的花，他们就激动地举起来，大声欢呼着。

看到孩子们已经捡到了不少宝贝，于是我对他们说："捡得差不多了吧？我们该打道回府了。"

孩子们满心欢喜地举起自己的收获。

接着，他们自行分组，各自找好插花的用具开始插花。他们小心翼翼地把花枝剪得长短不一，再搭配一些小草，然后把它们插在一个个小花瓶里。

孩子们一边插花，一边轻声交流："这朵花有刺，小心扎手！""这朵花闻起来甜甜的。""这些草闻起来有风的味道。"

插花接近尾声，孩子们相互欣赏着，也纷纷表达自己的意见："这个颜色多，我喜欢！""我喜欢这个高高低低的！""我最喜欢这个红色的！"

教育无处不在。一次有趣的插花活动，让孩子们感受着自然美，创造着艺术美。也许，在不久的将来，艺术大师将从他们之中诞生！

别致的盆景

不知什么时候，壮壮发现了我准备好的盆。

"老师，你看，我自己做的沙丘。"壮壮对我说。

"哇！真神奇！"

"像连起来的山。"

"你们都这么喜欢啊？那你们想一想，用沙子在小盆里面还可以做出什么造型呢？"我启发道。

"金字塔。"

"大大的城堡。"

"弯弯曲曲的小河。"

"你们的想法真不错！我们还能用什么方法把它变得更漂亮呢？"

"在上面插上树枝和草。""摆上石头。""还能放很多花呢。"孩子们争先恐后地回答。

"那我们一起去搜集一些材料吧！"我提议道。

孩子们沿着土坡路一直往里走，经过花园时，他们蹲下来仔细挑拣，认真搜集美丽的花朵和叶子。来到菜地里，他们仔细搜罗，就连枯干的菜叶子、小石子也逃不过他们的"火眼金睛"。孩子们小心翼翼地提着自己找到的宝贝，生怕不小心让它们掉下来。

孩子们把自己搜集的材料放到准备好的小盆旁边，我也端来了准备好的操作工具。

"开始行动吧！"我话音刚落，孩子们就迫不及待地装沙子、插树枝，还摆上交叠的叶子、不同的石子、各种蔬果等，充分发挥了奇思妙想，创作出了姿态各异的作品。紧接着，他们开始大胆地介绍自己的作品：

"我制作的是小树林。"

"我创作的是城堡。"

"我的是蔬菜园。"

"哇！你们真是太厉害了！老师好喜欢你们的作品呀！其实这样的作品还有一个好听的名字，叫作盆景。"

"盆景？"孩子们疑惑地问道。

"对啊，你们看。"我出示准备好的不同盆景的图片，继续介绍道，"比较常见的盆景是树桩盆景，在这种盆景中，树桩有高有低，有的直直的，有的斜斜的。还有山水盆景，山水相映，别有风味。我们用不同的花草、蔬果、石头等进行组合，创作出来的也是盆景。接下来，大家为自己的盆景取一个好听的名字吧。"

"我的叫太空盆景。"

"我的就叫沙滩盆景吧。"

"我的是蔬菜盆景。"

我们一起把孩子们创作的盆景摆放在耕读苑的道路两旁，这一定是孩子们眼中最美的风景！

做草垫

天地课堂是一个让孩子们向往的地方，这里有孩子们喜欢的早晨，喜欢的动物，喜欢的饭菜，喜欢的夜空。不过孩子们在天地课堂里最喜欢的还是在田野边跑步，那是最能让他们释放自我的活动。

这是一个普普通通的上午，余老师带着孩子们在田野边跑步。孩子们很激动，可跑着跑着，他们觉得光跑步不是很有意思。

突然有个孩子大声说："这里有好多杂草啊！"其他孩子也应声道："是啊，这里的杂草真多！"有个孩子机灵地说道："这些杂草会影响小麦的生长，小伙伴们，我们把杂草消灭掉吧，好不好？"其他孩子异口同声地说："好！"说着孩子们就开始动手了。因为孩子们之前有过整理小菜园的经历，所以他们个个都是拔草小能手。孩子们拔着杂草唱着

自己创编的儿歌，气氛十分融洽。在这种融洽的气氛中，孩子们把杂草拔得干干净净。余老师说："你们太棒了！不仅儿歌唱得好，草也拔得这么干净。"

孩子们拔完草就开始比较谁拔得多。

"你们看，我拔得最多。"

"我的也不少啊。"

这时，壮壮提出了一个建议："我们可以把这些草做成草垫啊，直接坐在地上，土会把我们的衣服弄脏，但是铺上草垫就不会了啊。"

一开始只有壮壮自己在做，但他的草很有限，只够做一个小草垫。明明看到后也想做，壮壮就说："你去把你拔的草抱来，跟我一起吧！"不一会儿，一堆小朋友来帮助他俩，他们的草垫很快就做好了。他们有的坐在草垫上，有的躺在草垫上，悠然自得。余老师坐在孩子们做的草

垫上，夸奖道："草垫好舒服啊，你们真棒！"

劳动和劳动教育，为幼儿创设了认识世界的阶梯，架起了通向现实的彩桥。幼儿在力所能及的劳动中，认识了不同工具的性能、特点和用途，学会了基本的劳动技能，增强了体质，丰富了生活经验。

在竞争激烈的现代社会，团队合作精神越来越被人看重。合作能力也被认为是一个人最重要的素质之一，能够影响人的一

生。我们要为幼儿创造合作的机会，教给幼儿合作的方法，及时鼓励幼儿，从而让他们体会到合作的快乐。

樱桃红了

　　一个阳光明媚的下午，耕读苑传来一阵阵欢快的笑声，一群天真的孩子脚步轻盈地走在耕读苑的羊肠小道上。微风吹来，他们的脸上洋溢着幸福的笑容。就在孩子们成群结队散步的时候，其中一个孩子大声喊道："大家快看呀！那里有好多'红点'！"喊声刚落，所有孩子的目光齐刷刷地转向树丛，只见树丛中"红点"若隐若现。有些好奇的孩子先跑了过去，有的孩子干脆趴在地上，眼睛盯着那些神秘的"红点"，想要一探究竟。

　　后来，越来越多的孩子凑了过去，他们离"红点"越来越近。"是樱桃！是樱桃！这是樱桃！"一个兴奋的声音传来，原来是有孩子发

现了这些"红点"的秘密！其他孩子也跟着兴奋起来，并且你一言我一语地讨论道："我吃过樱桃，甜甜的。""樱桃的味道又酸又甜。""又红又大的樱桃最好吃。"就在大家讨论的时候，有个梳着马尾辫的小女生摘下一颗又大又红的樱桃直接塞进了嘴里。"哇！原来樱桃是这个味道，好甜啊！"就在这个小女生感叹樱桃好吃的时候，其他孩子开始争先恐后地摘樱桃吃。一个淘气的男孩子快速地爬到了树上，一下子就找到了自己在树下早已看准的目标，只见他小手一伸，红红的樱桃就被他摘了下来。他紧紧地攥着胜利的果实，小心翼翼地从树上爬下来，捧着樱桃高兴地喊："我摘到了！谁想尝一尝呢？"看！孩子们不仅得到了"战利品"，还学会了分享快乐。

没过多久，这棵树上的樱桃就被孩子们摘得所剩无几。这可急坏了其中一个孩子，只见他伸手抓到两三颗青色的果实，快速地塞进了自己嘴里，然后大口地吃了下去。很快，他的表情有了变化，眉毛紧紧地皱在一起。哈哈！原来他是被这些未成熟的樱桃酸到了！

今天的收获可真不少啊！孩子们不仅体会到了摘樱桃的乐趣，还明白了分享的快乐。孩子们感叹道："大自然太神奇了！"是啊，大自然教会了我们知识，给予我们快乐。在今后的学习和生活中，我们要从神奇的大自然中学会更多的知识，体会更多的乐趣！

四月学种向日葵

春暖花开，万物复苏，耕读苑的桃树、梨树、樱桃树争先恐后地生长着，青青学堂后花园里的蒜苗越长越高，草莓在孩子们的精心养护下也慢慢地开始成熟了。田间劳作已经成为孩子们生活中不可缺少的部分。

一场春种大讨论

在开展春季种植前，老师抛给孩子们一个问题："春天适合种什么？"问题一提出，孩子们的小手一个个举得高高的，争先恐后地发表自己的意见。孩子们带着这个问题一起去请教了农民伯伯，农民伯伯说："在清明节前后可以种植的作物有很多呢，有向日葵、花生……"那我们要种什么呢？孩子们进行了激烈的讨论，最后决定种向日葵。农民伯伯告诉孩子们，四月份种向日葵最好，温度、湿度最佳的时候种子三

天左右发芽,温度低时大概需要一周的时间发芽。通过农民伯伯的讲解，孩子学习到了种向日葵的知识。

学种向日葵

先要选种

向日葵的种子是什么样的呢？我们从农民伯伯那里拿来了向日葵种子，孩子们惊奇地发现："原来就是生瓜子呀！为什么不是熟的，可以吃吗？"农民伯伯告诉我们，向日葵的种子要饱满且经过暴晒。孩子们认真地观察种子，拿在手里看一看，放在鼻子旁边闻一闻，最后忍不住还要尝一尝。孩子们观察过种子后说：种子不能是坏的，不能是发霉的，也不能是熟的。农民伯伯说，生的种子有生命力，可以发芽。孩子们对选种子有了初步的了解，信心十足地准备播种了。

接着播种

关于播种，农民伯伯一边做一边教我们。他用铁锹在地上挖了一条沟出来，孩子们紧跟着农民伯伯边走边看。农民伯伯告诉我们，这个沟不能太深，也不能太浅，太深的话，种子发芽会很困难，太浅的话，下雨时种子会被冲走。他手里拿了一个小树棍，这个小树棍的作用很大，它是用来量两颗向日葵种子之间的距离的。量完他拿出来种子，每一个

坑里放入三颗种子，放入后，用土轻轻地盖上种子。听完农民伯伯的讲解，看完农民伯伯播种的过程，孩子们已经迫不及待地想来试试，一个个开始忙碌起来。他们找树棍、挖坑、认真地数三颗种子、播种、盖土。看似简单的播种，孩子们开始手忙脚乱起来，有的挖好坑却忘记数种子了，有的种上后不小心踩上了，有的种上后找不到种在哪里了……孩子们慢慢地开始发现问题，并自己想办法解决问题。"老师，快来看，我在种好种子的地面上栽一棵小草"，这个办法瞬间被很多小朋友学习。"老师，你看我用小树棍做的标记。""老师，我要写上我的名字。""老师，我要放朵小花。"孩子们争先恐后地展示自己种好的向日葵，一个个神气十足。在农民伯伯的指导下，孩子们一边学习一边实践，学会了种植向日葵。

养护照料

向日葵种好了，孩子们很期待向日葵发芽，也很好奇什么时间给它们浇水和施肥。很巧的是，我们种上后的第二天下雨了，这样就不用担心给它们浇水的问题了。一周后，一棵棵小苗儿从土里钻出来了，孩子们非常有成就感地看着向日葵小苗说："这个就是我种的。"

孩子们是快乐的精灵，孩子们是自然的人，他们有幻想、有热情、有智慧，好奇与求知欲是他们的天性。对于孩子，我们需要给予善意的指引并呵护其纯真的本性，使他们最终成为身心和谐的人。

夏　彩

　　夏日灿烂的阳光洒满了耕读苑，所有的一切都以生机勃勃的姿态迎接着孩子们的到来。他们在薄荷叶的清香里消暑避蚊，聆听夏天的雷雨，摘一片荷叶戴在头上，光着脚丫下池塘，痛快地打水仗，尽兴地玩泥沙。夏天是孩子们的最爱，快乐从他们的脸上、眼中流淌出来，闪烁着别样的光彩。

　　夏天是天空那一片悠闲的云，是迎面的一缕清凉的风，是我们在一起时阵阵悦耳的欢笑声。孩子们在这里主动学习、尽情嬉戏，和大自然一起谱写着美妙的夏日赞歌！

摘 桃

耕读苑是孩子们生活及学习的天地课堂，在这里，他们开心地游戏，尽情地释放着孩童的天性。

七月份的耕读苑太阳高照，阵阵微风吹拂着桃树叶子，伴随着知了的歌唱，像是在告诉孩子们：桃子成熟了，快来采摘吧！

在余老师的带领下，孩子们抬着筐子、唱着食育儿歌《桃子》来到了桃园。哇！好多的桃子！孩子们目不转睛地看着，寻找着自己最喜欢的那一个。

孩子们商量着谁去摘桃、谁在下面接桃，讨论着哪种桃子熟了、哪种桃子不熟。接下来，他们开始行动了。李琛煜、兵果两人负责摘桃，只见兵果踮起脚尖向上一跳，抓到了一支桃枝，上面有好几个桃子，兵果兴奋地摘下桃子，下面的孩子开心地接着桃子。而此时，有的孩子表情不太对哦！只见蛋蛋紧锁眉头，栗子撇着小嘴，两个人呆呆地看着筐子里的桃子。原来是他们摘的桃子少，个头儿又特别小，蛋蛋和栗子一脸嫌弃桃子的样子。余老师把这一切看在眼里，想要去做点什么，却见李琛煜跑过去说："别难过，我来帮你们吧！"蛋蛋和栗子听完，露

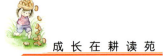

出了微笑。

李琛煜、蛋蛋、栗子一起行动，他们边摘桃边讨论。"你们看，这棵树上的桃子没有那棵树上的长得好。"蛋蛋说："我知道，肯定是施肥浇水少了，那我们就不要去摘它们了，让它们再长长吧！"说着他们又去寻找下一棵桃树上的桃子。旁听的我瞬间觉得孩子们长大了。瞧！栗子此时也开心地抱着筐子跟在后面。"看！那个桃子最大！"栗子说，"快摘下来吧！"炎热的天气也挡不住孩子们互帮互助的热情，虽然脸颊淌下了汗水，但他们还是坚持合作摘桃子。

孩子们不怕辛苦，不怕弄脏衣服，达到了最终目标——亲手摘到了桃子。他们累并幸福着，热并快乐着。

薄荷叶

午后的阳光洒满大地，我和孩子们在田野间散步。

"老师，风吹在身上凉凉的，好舒服啊！"冉冉笑着对我说。

"是啊，好舒服啊！"还没等我说话，身旁的毛毛也忍不住分享着自己的感受。

"老师，你看！这是薄荷！"晖晖手里拿着几片薄荷叶，脸上满是自豪。

"你怎么知道的？"我有些好奇，忍不住问道。

"我闻了闻，凉凉的，妈妈让我闻过薄荷，就是这个味儿。"

"你知道的真多啊！"我伸出大拇指称赞道。

"妈妈说，如果被蚊子咬了，用薄荷叶子擦擦就不痒了。"

"让我看看，薄荷长什么样？""你这是在哪儿发现的？"其他孩子好奇地问道。

"就在那棵树下，走！我带你们去！"

看，耕读苑就是这么神奇！这里随处散落着的新事物给孩子们带来了无限的乐趣。午后的阳光下，田间漫步，认识薄荷叶——让我们铭记这美好的记忆。

田间舞台

夕阳西下，一群灵动的孩子在快乐地玩耍。此时，闻着泥土的芬芳，呼吸着新鲜的空气，远眺着葱绿的田园，一切是那么美好。

"孩子们，看！夕阳！"我忍不住喊道。

"太美啦！"

"感觉太阳离我们好近啊！"

"红彤彤的太阳真漂亮啊！"

有的孩子边说张开手臂转圈，有的孩子则兴奋地跳上跳下。

"既然有这么漂亮的田间舞台，那我们一起来表演节目吧！"我忍不住提议道。激动万分的孩子们大声欢呼，而有的孩子却有些担心："可

是我们没有漂亮的演出服装，怎么办呢？"

"拿叶子做道具。"有的孩子认真地建议道。

"好主意！就用我们身边现有的材料装饰自己。"我补充道，"快和你旁边的小伙伴商量商量怎么装饰自己吧！"

"地上有很多草、叶子，就用它们。"

"地上的小花可以用来做花环。"

"用菜叶做裙子，我们

试试。"

"我有一个好想法，我们可以用叶子做裙子！"

"我们可以用花朵和草编帽子。"

孩子们纷纷表达着自己的想法。

"你们的想法真棒！那么，想好的孩子们开始行动吧！"

说干就干，孩子们迅速行动起来：有的用草编皇冠，有的用捡来的树叶做裙子，有的用小花做戒指……他们可真是创意无限呀！

演出服做好了！孩子们穿上独具特色的演出服，形象生动地表演了各种节目。

特别的舞台，造就了特别的表演。在美丽的田间舞台上，孩子们尽情地施展着自己的才华，收获着满满的自信！

雨滴交响曲

从睡梦中醒来的孩子们，揉了揉蒙眬的双眼，接着又伸了个懒腰。听到淅淅沥沥的雨声，他们往窗外望去。"下雨啦！下雨啦！今天我们可以在雨中玩水喽！"孩子们按捺不住激动，兴奋地喊起来。就连那几个"起床困难户"，今天也都迅速地起床了。

早餐后，孩子们穿上雨衣，来到田间小路上。雨滴肆无忌惮地打在他们的脸上、身上、鞋子上……

"啊！雨水落在我的脸上，凉凉的，很舒服。"

"雨滴落在我身上发出的声音很动听。"

"小雨滴打在我的鞋子上，好像在说想和我一起跳舞！"

"大家仔细听，雨滴落在不同的地方发出的声音好像都不太一

样呢！"

"你们听听看，雨滴落在不同的物体上发出的声音一样吗？"

孩子们来到了滑梯、秋千、跷跷板、石磨旁边，认真地听着雨滴落在它们身上发出的声音，纷纷发出感叹：真的不一样！这些声音有的清脆，有的响亮，有的很低沉……不知道是谁先起了个头，孩子们齐声唱起了歌谣："小雨滴，滴答滴，树叶上面溜滑梯。小雨滴，滴答滴……"

孩子们尽情地感受着大自然带给他们的欢乐。在雨中，他们时而接受雨的洗礼，时而又唱又舞。风声、雨声、笑声、歌声，声声入耳，好有诗情画意啊！

观光车

午后的阳光洒落在身上，就像在妈妈的怀抱里一样，暖暖的，舒服极了！

"快看！那是什么？"

孩子们听到我的声音，全都朝着我手指的方向看去。原来是耕读苑里的观光车啊！孩子们一下子兴奋起来。

"我们下午要坐观光车呀，太好了！"

"我还是第一次坐呢！"

"一会儿咱们两个坐在一起吧。"

"你看，开观光车的是云老师。"

"老师，你坐吗？"

"我也没坐过，当然和你们一起坐啦。车启动的时候，我们的双手要紧紧抓住护栏，嘴巴要闭得紧紧的哦。"我说。

观光车启动啦！云老师开得好快呀！我们行进在耕读苑的小道上，一路颠簸着，孩子们的嬉笑声、惊呼声回荡在天空中。看看他们那兴奋的神情，仿佛他们正在乘坐着世界上最豪华、最闪耀的高级巴士！

下车后，孩子们兴奋地分享着自己的感受：

"我快要晕倒了，太好玩了。"

"真刺激！我感觉自己要飞起来了！"

"还想再坐一次，快让我实现愿望吧！我要变成钢铁侠！"

"我紧张得心快要跳出来了！"

在耕读苑，有这样一辆普普通通的电动三轮车，它载着孩子们观光，也见证着孩子们的欢乐与愿望。天真的孩子们，你们的快乐是如此简单，你们的遐想也是如此甜蜜！

大师·小作

耕读苑里的孩子们很喜欢陶艺课。"王老师,今天我们上陶艺课吗?"看着孩子们期待的眼神,我怎能忍心拒绝?"王老师,我帮你去拿工具和材料好不好?""可以,但是得注意安全。""没问题。""我也去!我也去!"其他孩子也争先恐后地要帮忙。

待分好泥块和工具,有孩子问:"老师,我们今天做什么?""我

想做个我自己。"一个孩子举手说道。其他孩子听完都被逗笑了。"没问题,你想做个你自己,你得先告诉我你脸上都有什么。""有眼睛。""有嘴巴。""有鼻子。""有眉毛。"孩子们争相回答。"好,我们先捏一个椭圆形的泥片,把它当作我们的小脸,然后再捏出小眼睛、小嘴巴、小鼻子、眉毛,把它们放到小脸上。""王老师,我想做一双正方形的眼睛,可以吗?""当然可以,你可以按照自己的想法做。""我要做个妈妈。""我要做个戴眼镜的王老师。"

言语间，孩子们的专注力都凝聚在一个个小泥块上、一个个泥球上、一个个小泥条上。当孩子们按照自己的想法并且用自己的小手做出作品的时候，你会发现他们的脸上洋溢着满满的自豪感与满足感。

"王老师，下雨了，我们做个小船吧。"

"好。"

"王老师，我们想做个小碗。"

"没问题！"

"王老师，我们……"

生活即教育，一个个惊艳的作品在孩子们的巧手里不断被孕育出来，孩子们一个个都成了"陶艺大师"。

秋　韵

　　秋日天高云淡、气候凉爽宜人，耕读苑地里的红薯、花生都已成熟，菜地里的蒜苗茁壮成长，山坡上的核桃、红枣挂满了枝头，等待着它们的小主人来采摘。秋叶纷纷扬扬地飘落下来，地上像铺上了一层金黄色的地毯，踩上去软软的。在秋天，孩子们欣赏美景、采摘果实，在与大自然的亲密接触中，感受秋的静美和韵味，体验收获的快乐。

美味的红薯

拔红薯

清晨，推开门，屋外一片朦胧，我们仿佛置身于仙境。露水从房檐滴下，滴滴答答，好像在对我们说：早上好，新的一天开始喽！

我们斗志昂扬地来到红薯地。为了更快地挖到红薯，孩子们决定分工合作。

洋洋自告奋勇地举手说："老师，我的眼睛亮，我帮大家找红薯吧！"

"我认识红薯，我也想找！"

"我们组建一个侦察小分队吧！"

"这个主意不错呀！"我愉快地回答道。

"老师，我和瑶瑶、妮妮想要一起挖红薯，我们力气大！"一个瘦瘦的小女生自信满满地对我说。"哈哈，好的，那你们就是行动小分队，挖红薯就看你们的啦！"我鼓励道。

说干就干，侦察小分队找到"目标"——红薯后，赶紧喊小伙伴们

过来看。

　　"大家快来看看红薯长什么样。"

　　"胖胖的，像个娃娃。"

　　"叶子都黄了。"

　　"红薯上面有好多小毛毛。"

　　"那是它的小须根。"

　　孩子们迫不及待地自由组合，四五个人一组开始挖红薯。这边，一组小朋友边拔红薯边放声高歌："拔红薯，拔红薯，我们一起来拔红薯……"一首改编版的歌曲《拔红薯》诞生啦！那边，只见五个孩子朝着一个地方开始使劲儿地挖。咦，红薯露出来了一点点，但是还有一大截深深地埋在土里。五个孩子轮番上阵，可红薯还是丝毫没有动摇之意。此时，六一发话了："这样吧，我喊一二三，大家就一起拔。一二三，拔！"红薯没有出来。"再来，一二三，拔呀！"红薯稍微松动了一点。"一二三，拔呀！"红薯虽然又松动了一些，但依旧没有出来。这时，小瑞瑞"嗖"的一下站起来，对身边的亮亮说："加油，使劲呀，快出来了。"受到鼓励的亮亮拼尽全力来拔红薯，可红薯还是不肯出来。看到亮亮也拔不出来，小瑞瑞又使出洪荒之力喊道："大诚，大诚，快来帮忙！"在她热切的呼唤下，一个高大的身影出现了（只是在孩子们中身高相对高哦）。看到大诚过来了，刚才拼命呼唤大诚的小瑞瑞对周围的孩子说道："都闪开，大诚力气大，让他来！"话音刚落，孩子们就给大诚让了个位置，只见大诚弯着腰使劲

一拉——红薯就出来了，孩子们一个个都欢呼雀跃！

不一会儿，我们便接连听到了惊呼声："快看，我挖到红薯啦！""我也挖到啦！哇！太幸运了吧！""谁来帮帮

我，我这儿有好几个红薯呢！""哇，这个红薯好大呀！"

这片看似"荒芜"的土地被孩子们挖出了好多红薯，红薯们在孩子们的帮助下破土而出。孩子们的小脸上挂着喜悦而又满足的笑容，他们抱着收获的大红薯放声高歌："我爱北京天安门，天安门上太阳升……"

就这样，孩子们满心欢喜地把红薯们运回了"根据地"。挖红薯让孩子们深深地感受到了合作的力量。他们互相鼓励、齐心协力，最终通过自己的努力与智慧挖到了红薯，那份骄傲与喜悦简直无法用言语表达。我只想对孩子们说："孩子们，好样的！"

洗红薯

红薯被运回"根据地"后，一个小女生皱着眉头用柔柔的声音说道："小红薯好脏啊，满身的泥土，我们一起给它洗洗澡吧。"

拟人化的说法，激发了孩子们的兴趣。说干就干，孩子们立刻卷起袖子，抱着红薯来到水池边，开始认认真真地给红薯洗澡。看看他们洗红薯的样子：水池这边的小男生，有的一边搓一边小声哼唱着"洗刷刷……洗刷刷……"，有的边搓边扭着小屁股；而我们的小女生相当认真细致，不仅洗掉了泥土，还拔下了红薯表面的小须根。紧接着，就有洗完的孩子跑过来问："老师，这样可以了吗？算是洗干净了吗？"我

调皮地回答道："我可看不出来，反正是你们吃的，你们要自己把关哦！"听了我的话，已经洗好红薯的几个孩子若有所思地点点头，转身回去又把红薯洗了一遍，有个孩子甚至还给红薯打了肥皂。

　　洗干净的红薯被整整齐齐地摆放在一个圆圆大大的箅子上，等待着小朋友们来为它们大变身呢！

　　拟人化的语言激发了孩子们的劳动兴趣，使原本枯燥乏味的"工作"变得有趣好玩。孩子们不仅完成了"工作"，更体会到了游戏的快乐，获得了满足感。

制作红薯粥、蒸红薯

接下来，我们要为红薯变身咯。

按照餐单，我们需要制作红薯粥、蒸红薯。制作红薯粥需要把红薯切成块状，孩子们都是一副跃跃欲试的模样。"切红薯的时候一定要慢慢来，右手拿刀，左手扶着红薯，手指头蜷起来按在红薯上，看准再切，不要伤到自己……"我详细地讲解完切红薯的要领后，又再次强调了注意事项，但看孩子们切红薯时心情还是十分忐忑，视线分秒不敢离开。虽然人多，但是在切红薯的时候，没有一个孩子发出吵闹声，有的只是轻声细语的提醒：

"你扶红薯的小手离刀远点。"

"你的小刀要握紧呀！用所有的指头握。"

"你来回地拉一拉试试。"

看着孩子们切红薯，我不禁感慨万分。在这有点"惊心动魄"的活动中，孩子们相互鼓励、相互支持，为伙伴担忧，替伙伴出主意，他们真是在不经意间长大啦！

孩子们将自己切好的小红薯块装在面前的小碗里，然后倒在一个大大的、空空的锅里面。厨房里的叔叔往锅里倒入水，撒进玉米面，盖上了锅盖。

接着我们要准备蒸红薯啦。放在箅子上的红薯也被叔叔们抬到了一口盛了水的大锅上，再盖上锅盖，开始蒸红薯咯！

品尝红薯

"起床啦，孩子们……"

看着一张张睡眼惺忪的面孔，我心想，得想个主意让他们快速从睡梦中清醒过来。"红薯粥做好啦，还有美味香甜的蒸红薯，想要品尝的快出来啊。"话音刚落，之前蜷缩在被窝里的小脑袋都钻了出来——哈哈，这些孩子果然都是"小馋猫"呀！

穿戴完毕后，孩子们来到桌边坐整齐，准备品尝上午他们取得的胜利果实。

首先映入眼帘的是红薯粥。"孩子们，红薯粥的味道怎么样呀？"薛老师微笑着问道。

"好甜呀！"

"太香啦。"

"全是红薯的味道呢！"

"那喝了红薯粥你的心情怎么样啊？"薛老师又追问道。

"喝了红薯粥我很开心。"

"喝了红薯粥我感到很幸福，因为是我们自己拔的红薯。"一个小女生也跟着说道。

"喝了红薯粥我感觉到自己充满了力量，好激动啊！"一个小男生仰望着天空，满足地说着。哈哈，一旁的老师们和小朋友们都被逗乐了。接下来，孩子们又品尝了蒸红薯。只见这边刚发完蒸红薯，那边就有孩子焦急地举手，问道："老师还有吗？我已经吃完啦！""还可以再吃一点吗？好好吃呀！"

再看看孩子们品尝的样子：有的小口小口地品尝着，好像不舍得一下子吃光；有的吃完了还舔着嘴唇，咂着嘴巴，一副回味无穷的样子；还有的仰着头，把碗举起来，使碗口朝下，直到碗壁上残留的粥滴进嘴

巴里，才露出满足的笑容。吃到开心的时候，"小馋猫"们还自发地"干一杯"，哈哈，好不热闹。此时此刻，到处都是欢声笑语，就连空气中都弥漫着幸福的味道。

多味花生

摘花生

在耕读苑的时光是充实快乐的，每天都有许多新鲜有趣的事情等着孩子们去体验。

我们都非常喜欢吃花生，可你亲手摘过花生吗？这不，当孩子们得知上午要摘花生，一个个都兴奋无比，一遍遍地在我身边催促道："我们什么时候去摘花生啊？到底什么时候啊？"

来到目的地，看到堆积在一起的未采摘的花生棵子，孩子们一个个惊叹道："这是'花生山'吗？""哇！这么多花生！""好多呀！"

"孩子们！我们开始摘花生吧！"我话音刚落，孩子们便迫不及待

地四处散开。他们有的爬到"花生山"的最顶端，蹲下来摘花生；有的围着"花生山"的四周摘了起来；有的则直接蹲下，捡起掉落在地上的花生……

"老师，你快看！我摘的花生可大了！""你看我摘下来了这么多花生！"孩子们自豪地炫耀着自己的劳动成果。

"加油呀！多摘一些，我们一会儿回去做'花生大餐'吃！"

"好的！没问题！"

"保证完成任务！"

一颗一颗地摘太慢，孩子们想到了好方法：有的直接拿一大把花生棵子往篮子上面敲，不一会儿花生就全都掉下来了；有的抓起两把花生棵子，又是蹦又是跳，花生还真的被晃下来了。有的孩子禁不住美味的

诱惑，小心地剥开自己摘下的花生，放入嘴里品尝。"真好吃呀！"赞叹声吸引了更多的孩子来品尝。

"好，我们现在就回去，开始准备美味的'花生大餐'吧！"

爬"花生山"、敲花生、晃花生，在这奇妙的花生之旅中，孩子们的天性得到了释放。

剥花生

孩子们抬着沉甸甸的篮子满载而归，一张

张笑脸上洋溢着收获的自豪和喜悦。

"老师，我们是不是要开始做'花生大餐'了？"

"先不着急，在做'花生大餐'之前，我们要把花生剥好。"

"好的，那我们快点开始剥花生吧。"

说干就干！孩子们围坐在桌子前，老师把花生分发好，孩子们立马"工作"起来。

"虫子咬过的不能要！"细心的孩子提醒着身边的伙伴。

"刚刚老师说了，发芽的花生也不能吃！"刚刚摘花生时老师的提醒，孩子们都铭记在心。

可是，花生似乎并没有那么容易剥。没有向老师求助，孩子们各自寻找着适合自己的方法。有的孩子力气大，把小拳头当作小锤子，"咚"的一下，花生壳就被砸开了，实在厉害呢；也有的孩子用牙齿咬，正处在换牙期的孩子们侧着小脸，"龇牙咧嘴"的模样十分有趣；还有的孩子直接用两只手把花生壳挤开……他们的方式各不相同，目标却一致。很快，小盆里的花生就被剥完了。有

的孩子已经捏起剥好的花生津津有味地吃了起来。

孩子们的创造能力在这小小的剥花生活动中发挥得淋漓尽致。

学会放手，能让孩子们的生活更精彩！

煮花生

花生剥好了，接下来我们要开始烹饪花生了。"鲨鱼"教官已经早早地在棚子下大大的灶台前等着我们。

"哇！怎么是这种灶台呀？"

"这好大呀！上面这么多锅，这可怎么做呀？"

对于在城市里长大的孩子们来说，灶台实在是一个陌生而又新鲜的东西。看到要用这么大的"家伙"煮花生，孩子们都十分好奇，却又不知所措。

"这叫作灶台，也是用来做饭的。但是它跟我们家里用的可不一样，它是需要生火才可以使用的。""鲨鱼"教官耐心地为孩子们讲解着。"怎么才能生火呢？要先把稻草点燃，然后慢慢加小树枝，有小火

苗以后再慢慢加大树枝，这样就能把火生好了。""鲨鱼"教官一边讲解一边生火。火很快就生好了，冒起了浓浓的黑烟。

"哎呀！好呛呀！""好大的烟呀！我的眼泪都流出来了！"孩子们议论纷纷。我趁机给孩子们科普了安全小知识："有时候烟比火更可怕，发生火灾的时候，好多人并不是被火烧死的，而是被烟呛死的。所以，我们一定要离烟远一些。遇到火灾逃生时，要用湿毛巾捂着口鼻。"在老师们的组织下，孩子们一起转移到了没有烟的地方。

很快，水烧开了！它"咕嘟咕嘟"地向上翻滚着，冒着水泡。"小朋友们，现在我们可以开始往锅里放花生啦。但是你们要注意了，水非常烫。你们要想想怎么样才不会烫到自己，不会让自己受伤。""鲨鱼"教官提醒道。

孩子们看着锅里翻滚的开水，都十分小心谨慎。在"鲨鱼"教官的指导下，有的孩子拿起一两颗花生，顺着锅边，轻轻地放下；胆子大一些的孩子直接捧起一捧花生，小手伸在水的上方，像撒花瓣一样轻轻地把花生撒在了锅里；也有的小朋友呀，也许实在太害怕了，站得离锅远远的，捏起一颗花生，把胳膊伸得好长，一松手，还没等水珠溅出就吓得赶紧跑开了，惹得众人哈哈大笑。

花生下锅了，"鲨鱼"教官盖上了锅盖。现在，我们要开始准备炒花生啦！

炒花生

炒花生喽！当"鲨鱼"教官掀开炒花生的锅时，孩子们露出了难以置信的表情，锅里面居然全是沙子！

"这都是沙子呀！这可怎么炒啊？""沙子这么脏，用它炒出的花生能吃吗？"一锅沙子颠覆了孩子们对"炒"的认知，也一下子难住了孩子们。

为什么要用沙子炒花生？因为沙子非常小，能更快地吸收热量，热沙子紧紧地包围着花生，这样就能把热量均匀地传递给花生，花生就更容易熟透啦！

了解了这些后，孩子们一下子就对这种新鲜的炒法产生了兴趣，挨个儿上前尝试翻炒花生。可是，刚开始似乎并没有那么顺利。因为沙子很多很重，有的孩子使了好大力气，才好不容易把锅铲铲了进去，可怎么也翻不起来；力气大一些的孩子倒是轻松地铲了进去，可因为没掌握好力道，锅铲一掀，沙子四处飞溅，惹得其他孩子赶紧向后躲避。虽然

炒花生的过程很紧张，但孩子们乐在其中。就这样，孩子们体验着、感受着、成长着。

品尝花生

期待已久的"花生大餐"终于做好啦！快看我们的桌子上，炸花生（由老师们完成）、煮花生、炒花生已经被分别盛放在白色的盘子里，扑鼻而来的香气真是让人食欲大增呀！

"孩子们，你们看，这三种做好的花生有什么区别吗？"

"油炸的花生上面有小盐粒！"

"煮的花生好像掉颜色了！"

"炒的花生看着有点儿变白了！"

"是啊，那我们来尝一尝这些花生吧！试试口感有没有区别。"

我话音刚落，孩子们已经迫不及待地品尝起来，他们先尝了煮花生，接着又尝了炒花生，最后品尝了油炸花生。孩子们吃得津津有味，幸福陶醉的神情让一旁的老师们忍俊不禁。

"我觉得煮的花生有点咸。"

"油炸的花生好香呀！"

"炒花生脆脆的，也很好吃呢！"

"你们最喜欢吃哪一种呢？"我问道。

"油炸的！"孩子们不约而同地回答道。

"油炸的是很香，可是油炸食品要少吃……"

"我知道！油炸食品不健康！"还没等我说完，孩子们已经抢着说了。

很快，盘子里的花生就被这些"小馋猫"们瓜分干净了。看着空空的盘子，孩子们意犹未尽。一个孩子感慨道："还想吃呢，怎么就没有了呢？"其他孩子听到后都默契地轻声笑了起来。

在孩子们的心里，这一定是世界上最美味的花生了吧！

蒜瓣宝宝排排队

如果不是来耕读苑,估计种大蒜这件事孩子们很难有机会尝试。"怎样种大蒜呢?"我提问道。

"这还不简单!埋进土里就行了!"

"不能全埋着,蒜瓣宝宝还要呼吸呢,得露个头。"

"露哪一头呢?尖尖的那头还是圆圆的那头?"

我们决定请教一下管理菜园的老爷爷。老爷爷笑呵呵地挖好一条小沟,然后让蒜瓣宝宝尖头朝上、圆头屁股朝下,整齐地站在小沟里。

"我们会啦!谢谢爷爷!"看过老爷爷的示范后,孩子们齐声说道。

孩子们立马行动起来,但是这看似简单的工序,操作起来却是不容易的。"听说蒜瓣宝宝的摆放要保持一定的距离,这样蒜瓣宝宝才能有足够的生长空间。要把蒜瓣宝宝固定好,它们才能长得又高又直,否则长出的蒜苗会倾斜。"我耐心地给孩子们讲解着。

孩子们小心翼翼地将蒜瓣宝宝握在手中,把它们胖嘟嘟的身体插进土里,让它们露出尖尖的小脑袋。可是放好之后他们发现,蒜瓣宝宝们有的歪在一起,有的站得特别拥挤,还有的站得特

别远，这可怎么办呢？

这时候，一个小朋友说："那我们帮蒜瓣宝宝量好距离吧。"

"真是个好主意！可是我们没有带尺子，怎么量呢？"我将问题抛给了孩子们。

听到我的问题，孩子们陷入了思考。

经过协商，孩子们决定自由结合，用各自小组商量出来的方法测量，帮助蒜瓣宝宝排队。有的小组用小树叶测量距离，有的小组用小石头进行测量，还有的小组用一截小木棍进行测量……

不一会儿，孩子们帮所有的蒜瓣宝宝都排好队了。他们看着自己分组排好的蒜瓣宝宝整整齐齐地站在那里，脸上满是满足与开心。孩子们自发地趴在地上，对蒜瓣宝宝说："蒜瓣宝宝，快快长大，过段时间我们再来看望你们。"

用爱种植的植物，一定会苗壮成长！我们期待着……

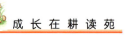

柿子变身

　　秋天到了，耕读苑里瓜果飘香。黄澄澄的柿子挂满了枝头，孩子们从春天盼到秋天，终于可以品尝柿子的美味了。不过美食还需要自己动手，孩子们摘柿子、揽柿子、吃柿子……享受着大自然的馈赠。

摘柿子

　　我们先来到柿子林，孩子们边走边观察，蛋蛋说："老师，你看，这树上的柿子好多呀，就是太高了，我可够不着。"妞妞说："我也发现了一个大柿子，走近一看，被小鸟偷吃了一半，也不知道小鸟的嘴巴涩不涩。"木木说："老师，快看，前面有比较矮的柿子树，上面的柿子已经有点黄了，也有的是青的，有的好像被虫子吃过了。"终于，我们来到了适合孩子们采摘的柿子树旁，接下来就是要寻找自己要摘的柿子了。因为出发前我们说好要为揽柿子做准备，所以孩子们在寻找柿子时特别认真。揽柿子要用的柿子得是完好无损的，孩子们在挑选时更是仔细。他们三五成群地向柿子树"进攻了"，喊叫声、惊喜声此起彼伏，

有的把摘下的柿子拿在手里沾沾自喜，有的嘴里还喃喃自语着这是自己摘的柿子，然后跑到老师身边让老师看自己的收获。柿子摘好了，我们要拿回去了。我发现孩子们都小心翼翼地把柿子拿在手里或者装在口袋里，回到班里又轻轻地放在盆里。仔仔把所有摘好的柿子一盆一盆地摆放整齐，然后开心地说："这么多的柿子，可以卖啦！"这才满意地离开了。

揽柿子

根据在树上成熟前能否自然脱涩，柿子可分为涩柿和甜柿两种。涩柿在采摘后先经过人工脱涩才能食用。我们耕读苑的柿子就是涩柿，因此，我们要对它们进行人工脱涩，这就叫揽柿子。我们一起用在塑料袋里混装水果的方法揽柿子：将柿子和苹果一起放在塑料袋里，将塑料袋系住。一天、两天、三天、四天过去了，我们期待着柿子的变化，结果并没有什么变化，第一次揽柿子失败了。我们又一次调整了揽柿子的方法，这次分成五组揽柿子，每一组都选用密封袋装一个苹果和一个柿子，放在指定的收纳筐里，接下来就是等待了。一天、两天……一周过去了，我们再一次打开柿子，哇！我们成功了，柿子变红了，柿子变软了。

期待已久的柿子终于可以品尝了，一个个"小馋猫"看见柿子口水快要流出来了。

分享柿子

揽柿子原来这么简单，只需要时间。孩子们已经迫不及待地想吃变软的柿子了。由于柿子特别软，一时间竟然不知如何让孩子们品尝了。孩子们着急地说："一人一勺吧。"可爱的孩子们拨开柿子，发现柿子里面已经稀得像南瓜粥了，于是就把它分在小碗里。孩子们每吃一口就惊叹："好甜呀！""像蜂蜜，真好吃！""我们要再揽一些，让爸爸妈妈品尝。""真的太好吃了，还想多吃些，但是柿子不能多吃，还是忍一忍吧。"看到孩子们如此认真地品尝着自己的劳动成果，脸上洋溢着满满的成就感，真

的是太幸福了。

美食是一定要分享的，和谁分享呢？孩子们七嘴八舌地说出自己的想法：和来耕读苑体验的小朋友们分享，和其他的老师进行分享，还有做饭的杨伯伯……那么，请谁来送呢？最后小朋友们推荐依依和祥宇一起去送柿子。路上发生了有趣的对话，依依说："我们俩要是你先说完了，我还要停一会儿，然后再说。"祥宇说："先鞠个躬。"依依说："先鞠个躬，说老师好，然后说老师请吃，这是我们俩一起说的，其他的我们轮流说。"这两个"小精灵"一边走一边商量怎么说。到了之后，他们把刚才计划好要说的话全部忘记了，回来的路上他俩分享感受：有点激动，有点紧张，但是很有成就感。

通过这次活动，孩子们学会了合作分享，增长了知识经验，也得到了更多的锻炼。

摘核桃

　　一个美好的下午，余老师带着孩子们在月牙山上玩游戏。"冲啊！向山脚出发！"只听一声令下，所有孩子都往山脚下跑去。跑着跑着，一个孩子不知被什么东西绊了一下，"哎呦"一声摔倒了。其他孩子都围过去关心那个摔倒的孩子，只见他若无其事地站起来，拍了拍自己身上的土，接着就去找地上把他绊倒的东西。他找啊找啊，突然发现土里有一个黑色的"小石头"。

　　"咦？这不是石头啊！为什么这么硬啊？它能剥开，里面还有一些像核桃仁的东西，你们快来看看啊！"

　　就在这个时候，一个孩子指着旁边的一棵树说："大家看！这棵树上的果实和绊倒人的那个东西很像，是核桃吗？"孩子们的好奇心一下被带动起来了，所有孩子都跑过去看。确认是核桃后，他们开始摘核桃。

　　孩子们想尽方法去打开摘下来的核桃。只见一个孩子用石头砸开了核桃，用自己的小手抠着核桃仁。"哎呀！怎么这么苦啊？"说完他"噗噗噗"地把嘴巴里吃的核桃仁全给吐出来了。有个孩子大声说："大家把核桃仁外面的皮去掉，这样核桃就会很好吃啦。"果不其

然，去过皮的核桃仁味道好多了。就这样，孩子们度过了一个愉快的下午。

通过摘核桃，孩子们不仅感受到了天地课堂的魅力，还感受到了大自然的神奇力量。

打枣去

新郑大枣，又名鸡心大枣、鸡心枣，是河南省新郑市的特产。红枣味甜、性温，具有补血健脾的功效。新郑大枣以其皮薄、肉厚、核小、味甜备受人们青睐，成为枣类中的佼佼者。

耕读苑的枣林大道两旁种植了好几十棵枣树。九月末，树上的枣子开始成熟，一个比一个诱人。

"老师，那个枣是不是熟了？你看都红了。""好想吃一颗啊！"感受到了孩子们的期待，我说："走，我们打枣去！""真的？我去拿盆。""我想带回家给妈妈吃，可以吗？""我要给奶奶。""我要给老师。"从孩子们质朴的语言中，你能感受到他们的爱是多么的纯粹。

"老师，你小心点，有刺！""那里有一个，这里还有！""枣掉下来砸到我的头了，哈哈！""老师，你看我们捡了这么多！""我们的更多，快看我们的。""好想现在就吃一颗啊，

看着好诱人啊！""老师说过，大枣要洗过之后才能吃，才从地上捡起来的大枣表面有很多细菌的。"看着一个个"小精灵"这么懂事，我内心真的很满足。

"走，孩子们，我们回去洗枣吃枣去。"经过认真清洗，一个个干净的大枣摆上了桌面。

"孩子们，大枣虽然是我们打下来的，但它们是大自然馈赠给我们的，是风霜雨露把一颗颗枣子变得这么香

甜的，因此我们要感谢大自然、爱护大自然！""嗯，我们要像保护自己的眼睛一样保护耕读苑！""不然就吃不到这么甜的大枣了。"

"孩子们，我们品尝大枣吧，记得要把枣核吐出来哦！"

冬　趣

　　耕读苑的冬天美丽而清净。在雪花飞舞的时节，孩子们一起拔萝卜、举行摔跤比赛，尽情地嬉戏着、打闹着，忘记了冬天的寒冷。洁白的雪在孩子们的指尖飞舞，如棉絮，如芦花，如蒲公英，一簇一团。鹅毛似的雪花落在树上、房子上、地上、脸上、衣服上，一片、两片……数也数不清。小雪花，你有几个小花瓣？让我数一数。咦？刚数完雪花就不见了，只看见一个圆圆的小水点……

　　耕读苑的冬天，瑞雪纷飞。

　　耕读苑的冬天，银装素裹。

拔萝卜

吃过午饭，孩子们三三两两地围在我的身边。"老师，我们现在要干什么呀？"他们问道。

"今天下午我们要去拔萝卜。"

"太好了！可是萝卜会被冻坏吗？"

"我想去后面的小菜园看看。"

"我也想去看看菜地里的萝卜白菜怎么样了。"

"就是呀！这么大的雪会不会把它们都盖着了啊？"

我们边聊天边往菜地走去。看到菜地里那一排排、一行行整齐有序的栅栏，孩子们欢呼起来，飞奔而去……

"哇！你们看！那里是菜地！"

"真是太漂亮了！我喜欢！"

"咦？菜地里的萝卜怎么都不见了？"

"快找找看。"

"哇！我发现啦，在这儿呢。"

孩子们迫不及待地跳进菜地，顾不得泥泞，蹲着、站着、弯着腰、跪在地上，以各种姿势观察着。

"老师，快看，我们发现了大萝卜！可是它太大了，我们拔不出来。"没等我说话，二宝大声说："我来看看，你们在拔的时候可以试试先晃动萝卜，把土晃得松动了，就能拔出来了，我用这样的方法拔过红薯！"

"好吧，我们试试。快把它拔出来，我们一起！"

"你来晃萝卜，我往外拔。"

"好的，加油呀！

"你再多晃晃，快出来啦。"

"哇！出来啦！老师，你快看！我们拔的大萝卜！"

"我要再找找，多拔一些。"

"今天可真是大丰收呀！"

孩子们笑着、说着，你帮我，我帮你，不一会儿，一个个水灵灵的大萝卜重见天日了！而孩子们的小手呢？冻得通红通红的。

不知是谁喊了一声："大家把萝卜叶子摘下来，我们一起去喂小羊，好不好？"这个提议马上得到了大家的齐声响应。孩子们纷纷摘下萝卜叶子，来到了旁边的羊圈里。

"哈哈！我们吃萝卜，小羊吃萝卜叶子呀。"

"太好啦！我摘的萝卜叶子肯定能把小羊喂饱。"

"小羊不吃萝卜吗？让我试试。"

"你看，它咬不动，萝卜太硬了。"

"真可惜，那么好的萝卜，浪费了。"

"孩子们，我们准备回去啦。"

"老师，萝卜上面都是泥，都把我的衣服弄脏了。"

"那你们想想办法，怎么样把萝卜变干净呢？"

　　"我知道，用雪把萝卜擦干净。"

　　"把萝卜放在雪地里滚一滚。看！我的萝卜洗干净啦！"

　　此刻的菜园子格外美丽，孩子们兴奋的叫喊声驱走了冬日的严寒。这一刻，每一个孩子都拥有自己的幸福与快乐。

　　教育的本质就是让孩子与生命、生活对接，愿一切美好如此刻！

雪地摔跤比赛

大雪过后好几天了，城市里已经看不到雪的痕迹。坐在去往耕读苑的大巴上，看着窗外飞驰而过的景色，孩子们兴奋地议论纷纷："快看！那里有雪山呀！""耕读苑里有雪吗？"

不知不觉间，耕读苑到了。只见房顶、田地、雨棚全都罩上了厚厚的积雪，孩子们惊呆了！

"哇！耕读苑真的还有这么多雪呀！"

"被雪装扮过的耕读苑真的好漂亮啊！"

"我们可以打雪仗啦！"

孩子们说笑着，刚下车就迫不及待地抓起路边的积雪玩闹起来。玩闹了一会儿，他们放好背包，喝完一杯热乎乎的水，戴上手套，准备出发了。

来到雪地里，孩子们随手抓起身边的积雪，团成雪球，举臂，发射！正当孩子们玩得不亦乐乎时，云老师和王老师来了！孩子们开心地围在两位老师的身旁。

王老师充满激情地问孩子们："你们有没有摔过跤？"

孩子们异口同声地说："摔过！"

王老师又神秘地问孩子们："那你们有没有在雪地里摔过跤？"

"没有！"

"那我们今天在雪地里来个摔跤比赛好不好？"

"太好了！""我最喜欢摔跤啦！"孩子们欢呼着。

云老师一声令下，孩子们迅速围成一个大大的圆圈，盘腿坐在洁白的雪地上。

云老师一本正经地说："我先来说说摔跤比赛的规则，能不能打脸？"

"不可以！"

"能不能抓头发？"

"不可以！"

"能不能用腿踢对方、用手打对方？"

"不可以！"

云老师一边提问一边和王老师示范，孩子们边笑边回答着。

"那怎么做才算赢呢？听好啊！首先，你要想办法把你的对手放倒。当你的对手倒在地上，大家数三个数后他没有起来，那你就胜利啦！"

话落，云老师请王老师一起为大家示范。云老师一边示范一边讲解，抓领、抱腰，他出其不意的一个勾腿一下子把王老师放倒在了厚厚的雪地上。他还迅速用手臂压住了王老师。孩子们连忙兴奋地大喊："一！二！三！耶！云老师赢啦！云老师赢啦！"

"你们要不要上来试试？"

孩子们兴奋地快速举手。尤其是活泼好动的小男生们，手臂高高举起，眼神充满了期待，看样子像是要马上冲上去！

云老师挑选了两个小男生进行第一场比赛。

这两个小男生眼神犀利、表情严肃，互相放着狠话，试图在气势上

压倒对方。

"我一定会赢的！"

"我会打败你！"

在孩子们的呐喊声中，比赛开始了！只见其中一个小男生迅速地抱住对手，被抱住的小男生则试图挣脱。两个小男生使出浑身解数，都想要打败对方。小观众们看得全神贯注，纷纷为他们加油助威。

突然，一个小男生把另一个小男生压在了地上！"一！二！三！哇！"只见胜利的那个小男生喘着粗气，高高举起自己的手臂，不断地挥舞着，好似王者归来！

"你胜利了！"王老师举起那个胜利的小男生的手臂大声宣布。

"你也特别棒呢！非常勇敢！"听到王老师的话，另一个小男生也露出了欣慰的笑容。

"接下来谁来？"

"我！我！"

就这样，耕读苑的上空一直回荡着孩子们的欢笑声、加油声、呐喊声……

我们的世界杯

少年强则国强。足球，要从孩子抓起，在耕读苑就有这么一群痴迷于足球的孩子。

云老师真的像个明星一样，走到哪里，都能吸引孩子们的目光。他上中学时当过足球队的队长，现在依然经常和球友们去踢足球。

"云老师，我们去踢足球吧，我们现在可厉害了！""我都踢进去过。""我也是。"看着孩子们期待的眼神，云老师回答道："好啊，我们今天就看看哪一队进的球多。"

这里的草地不是专业的草坪，这里的裁判不是专业裁判，但这里的球员却是那么闪耀。

"快去把云老师的球抢回来！""别让他踢进了！"孩子们奔跑着、呼喊着。

"云老师要射门了，快守住球门！""快守住！"比赛犹如一场没有硝烟的战争，紧张、激动，我从孩子们的行为和语言中体会到了这复杂的心情。

"我抢到球了，快！"

"快！射门！"我竟然比孩子们还紧张。

"进了！进了！老师，我们踢进去了！"

真的是踢到天昏地暗，夜幕一点点地落下，球场上弥漫着的呐喊声久久不能散去。

比赛结束，孩子们总结了这次比赛的经验，约定下次继续比赛。

孩子们说："这是我们的世界杯！"

神奇的小水沟

"哩哩哩，啦啦啦，我们心中甜甜的……"清脆悦耳的歌声环绕在孩子们的身边，也回荡在耕读苑的每一个角落。快乐是相互传递的，来到耕读苑的第一天下午，伴随着孩子们愉快的歌声，我们要去探索耕读苑了！

在沙坑寻宝时，孩子们有了新发现——许愿池，他们开心地议论了起来。

"老师，你看，许愿池里有一根自来水管！"

"它旁边还有一条长长的大水沟呢，那是用来干什么的？"

在好奇心的驱使下，我们打开了水管，只见清水缓缓地流进了水沟里，顺着水沟，它又流向了小树林。

"原来大水沟是用来浇树的呀！"孩子们恍然大悟。

"老师，你看旁边的那些小野菜，清水都流不到那里，怎么办呢？"

"咱们拿个盆接点水，给它们浇浇水吧。"

"可是这附近没有盆啊。"

孩子们议论纷纷，想给旁边的小野菜浇点水。这可怎么办呢？

"我们也挖一条水沟吧！"一个孩子建议道。

可是用什么挖呢？该怎么挖呢？所有的孩子都围在我的身旁，一起商量着计策。

我问道："咱们用什么挖呢？"

"用小树枝吧！""小石头应该也可以吧！"孩子们纷纷献上计策。

接着，我说："仔细观察一下，怎么样能让水流出去呢？我们找两支小棍来测测水沟的深度吧！"

经过测量，大家得出了一个结论：这条水沟呀，要挖得越深越好！

"孩子们，我们学过测量的知识，两点之间，直线和曲线哪个要短一些呢？""是直线！"孩子们异口同声地回答道。"那，我们的这条水沟是挖得直些省力气，还是挖得弯些省力气呢？""当然是直线！"

说干就干，孩子们纷纷撸起袖子开工啦。

有的小朋友找到了一根粗粗的、坚硬的棍子，顺着直线使劲地挖了起来。

"老师，你看，我的小棍子太细了，我找了一大把，放在一起挖水沟，棍子就不会断了。"小石头高兴地说道。

"嘟嘟，嘟嘟，你那边再挖深点，不然水就流不出去了！"可一提醒着嘟嘟。

通过大家的努力，一条细细的水沟很快就挖好了！可是，新的问题出现了：怎么让许愿池里的水流进小水沟里呢？

经过思考与讨论，大家决定把大水沟与许愿池的衔接处堵住。孩子们用石头一下子堵住了大水沟的入水口，又用泥土填补了缝隙。孩子们拧开自来水管，还是会有水流向大水沟。但是，清凉的水也缓缓地流进了他们挖好的小水沟，小野菜终于有水喝啦！

当孩子们自己去设计小水沟、寻找工具的时候，我们是不是也看到了他们的智慧在闪闪发光呢？虽然只是挖了一条小小的水沟，但是我们看到了孩子们独立思考的能力与合作精神。

为孩子们的奇思妙想点赞，也为这条神奇的小水沟点赞！

冬日里的温暖相聚
——耕读苑半日亲子活动纪实

2018 年 12 月 14 日，耕读苑青青学堂班举办了半日亲子活动。在这个特别的日子里，也迎来了由张园长带队的、远道而来参观的日本幼教专家们以及新建幼儿园的园长和老师们。冬日的天气是寒冷的，然而，我们在耕读苑感受到了春天般的温暖。在家长和小朋友们的期盼下，我们的活动拉开了序幕！

张园长向客人介绍了我们的食育实践基地。

天地课堂的门口有这样一段张园长写给孩子们的话："从今天起，风属于你们，风景将开放在你的眼前。从今天起，雨属于你们，雨露将浇灌你们的心灵。从今天起，星星将为你们放哨，月亮将为你们照明。读天、读地、读自然，真读。自主、自由、自成长，真知。"看到这段话，参观的客人给了我们一个大大的赞！

为了举办这次半日亲子活动，老师和孩子们精心制作了邀请函。

新建幼儿园的园长及老师们来到了我们的餐厅参观。孩子们已经迫不及待地坐下来准备和爸爸妈妈们一起进行第一个活动——做枣花馍。

面团、大红枣、擀面杖已准备好，爸爸妈妈们，你们准备好了吗？

做枣花馍——对于很多爸爸妈妈来说也是第一次体验，他们认真地跟着宝贝一起学习制作，有的打开手机边看边做，有的边想象边做。不一会儿，一个个形态各异的枣花馍做好了！有的爸爸妈妈做的是蛋糕枣花馍，有的爸爸妈妈把枣花馍做成了"小刺猬"，有的爸爸妈妈把枣花馍做成了一朵花……爸爸妈妈们的想象力太丰富啦！

接下来，我们开始了第二个活动——拓印桌旗。宝贝们给爸爸妈妈们准备好丰富的材

料：大白菜、胡萝卜叶子、辣椒秸秆。爸爸妈妈们一起选材料、设计作品，忙得不亦乐乎。经过爸爸妈妈们的努力，一张张美丽的桌旗呈现在我们的眼前！

最后，我们举行了户外活动——亲子足球赛。这是一场友谊第一、比赛第二的比赛，不仅赛出了友谊，也给所有人带来了欢乐。爸爸们帅气十足地奔跑在足球场上，妈妈们也不甘示弱，放下温柔的一面，和爸爸们一起奔跑起来。孩子们更是劲头十足地踢着球。赛场上精彩不断，尖叫声、呐喊声、欢呼声此起彼伏。不知不觉间，我们在欢乐中结束了上午的活动。

2018 年 2 月 7 日是耕读苑的孩子们最期待的一天。为了这一天的到来，他们认真排练。看！老师们精心装扮了舞台，我们一起期待宝贝们的精彩演出吧。

演出前的化妆场面很是热闹。

我们尊敬的徐菁副园长和黄开惠主任专程来参加孩子们的学期汇报，代表河南省实验幼儿园给孩子们送上关爱，并送上了新年的祝福！

黄主任来到后台，看到整装待发的孩子们特别开心和感动，并和孩子们亲切互动起来。

打击乐拉开了本次联欢会的序幕，看看我们的小指挥，是不是很专业？

一个个小演员全神贯注地表演着，一开始就震惊全场。

"我是小海军，开着小炮艇，不怕风，不怕浪，勇敢向前进"……

诵读经典——《木兰辞》《沁园春·雪》《水调歌头·明月几时有》。

中国功夫练起来："棍扫一大片，枪挑一条线，身轻好似云中燕，我们豪气冲云天。"

少年强则国强。中国功夫的腰带变成了红围巾，请听我们给大家表演《食育儿歌》。食育儿歌绘本是宝贝们的最爱，为什么孩子们这么喜欢食育儿歌呢？我想是因为这些儿歌里面藏有孩子们对知识的渴望，从中他们能了解每一种食物的营养价值和功效。

看看候场中的爸爸们，他们手里拿着十分有特色的道具，真让人期待他们的表演。

爸爸们幽默风趣的表演，给全场带来了欢声笑语。

伴随着一首《难忘今宵》，我们的联欢会接近尾声。

我们的徐菁副园长和黄开惠主任给孩子们颁发了奖状，愿可爱的

孩子们在新的一年里，健康快乐成长！

宝贝们也是今天的颁奖小嘉宾，他们给爸爸妈妈颁奖喽！爸爸妈妈们已经笑得合不拢嘴了！

我们是相亲相爱的一家人，在新的一年里，祝大家新年快乐！万事如意！团团圆圆！

天地人和，生命赞歌

教育不与生命对接就不是真正的教育。

耕读苑里每天都上演着生命的故事：鸡妈妈带着小鸡们捉虫吃米，牛妈妈温柔地呵护着小牛，可爱的蚕宝宝结茧吐丝……

银杏树叶会变成"花"，田地里的冬瓜传递着牵挂。原来，大地妈妈给予了我们最深厚、最无私的爱！

蜜蜂的家

柿子的秘密

果实在哪里

有趣的蚕宝宝

花生里的小数字

早餐后我带孩子们在田间散步，他们三三两两地寻找着自己的宝贝。忽然，洋洋大喊："老师，你快看，这里有好多宝贝！"我扭头朝着声音的方向看了过去，只见几个小家伙兴奋地朝我招手，手里还拿着东西朝我挥啊挥，我好奇地走过去："原来你们发现了花生啊！"

"我们发现地上有好多好多的花生。"

"这个叫作花生秧，花生就是从它的根部结出的果实，农民伯伯应该是为了把花生晾干才把它们放在这里的。"

孩子们恍然大悟："哦，一定是前几天雨下得太大了，如果再不晒一晒的话，花生就要坏掉了。"

"那我们再顺便帮农民伯伯把花生摘下来吧，这样他们就不会那么辛苦了。"

说干就干，孩子们开始努力地劳作了。没过一会儿，一只只泥乎乎的小手伸到了我的面前。

"老师，你看，我摘了 5 个 3 间房子的花生。"

"老师，我也摘到了 1 个 3 间房的花生。"

"快看我的，我的是 4 个 2 间房子的花生。"

"我也有，我有 3 个 2 间房子的，1 个 3 间房子的。"

"那我们来数一数吧，我有 2 个 3 间房子的，你有 4 个 2 间房子的。"

"加上我的，我有 1 个 2 间房子的，3 个 3 间房子的，1 个 1 间房子的。"

"那就是 5 个 3 间房子的，5 个 2 间房子的，1 个 1 间房子的。"

"我又摘了 3 个 1

间房子的，2 个 2 间房子的，3 个 3 间房子的。"

"我也有，我也有，我有 6 个 3 间房子的。"

"我有 4 个 2 间房子的，等一下，我再去捡几个。"

孩子们开始兴奋地捡花生。不一会儿，一堆堆花生就出现了，这可难倒了那个自愿负责数花生的小家伙。

"啊，太多了，这下我可数不过来了。"小家伙愁眉苦脸地看了我一眼，说道："老师，你帮帮我吧。"我笑了笑："我有一个好主意。"我从地上捡起了一根树枝，说："我们来做一个统计表吧。"孩子们抬起头看着我，我在地上画了一个大表格。"我看懂了！一个圈圈是一间房子的花生！""我也知道了，2 间房子就是 2 个圈，3 个圈就是 3 间房子。"

我点点头："没错，我们分别把花生放在这里相应的圈里，很快就可以知道哪个花生多了！"

花生分完了，我们惊奇地发现：2 间房间的花生特别多，3 间房子的花生相对少一些，1 间房子的花生最少。

"老师，我知道原因。一定是 1 个房间住太孤单了，3 个房间又太挤了，还是 2 个房间最舒服！"

没想到，摘花生也能用到数学。孩子的回答，看似不符合逻辑，但很有童趣！

"咯咯哒"别跑！让我画画你！

雨过天晴，耕读苑里处处弥漫着清新的气息，孩子们带上写生簿，来到田野里对鸡妈妈进行写生。

写生之前最重要的是观察。于是，孩子们纷纷跑去找鸡妈妈，想要来个近距离观察。鸡妈妈可不知道这么多"小毛头"想要干什么，它们惊慌地、"咯咯哒"地叫着，四散跑开。孩子们急得大叫："哎呀，'咯咯哒'别跑！我们只是想看看你们，因为我们要画你们。"由于没有"翻译"，"咯咯哒"听不懂孩子们的话，仍然四处逃散。

孩子们忙起来了，有的执着地紧追一只"咯咯哒"，嘴里还念叨着："哈哈，我看见你的脖子是灰色的，你的身上是黑色的。喂，停一下，让我再看看你的爪子……"；有的四处拦截"咯咯哒"，哪只从自己身边经过，就紧追几步，观察一下再换目标；还有的干脆"守株待鸡"，躲在篱笆后面，静静地观察。

突然，一位打理菜园的爷爷从田边小屋拿了一把铁锹出来，门口一只胆小的鸡吓得"咯咯哒"地叫着，然后"嗖"的一下跳到了一人高的葡萄架上。孩子们惊呼起来："哇！原来鸡还会飞啊！"

跑累了，也观察到了，孩子们现在开始安安静静地坐下来写生。"咯咯哒"也变得悠闲起来，有几只还走到孩子们身边，吃起老师撒下的玉米粒来。孩子们看到"咯咯哒"如此接近自己，悄悄地说："咱们小点声，别把'咯咯哒'吓跑啦！"

孩子们扶着写生簿，握着笔，眼睛一会儿看看"咯咯哒"，一会儿看看写生簿，嘴里还念叨着："别动别动，让我们数数你的脚趾。"有的孩子还悄悄告诉老师他画中的秘密："我看它们的窝太乱了，就给它们画了好多房子！"

还记得之前带孩子们写生，经常会有孩子说："老师，我不会画！"可是这次画"咯咯哒"，居然没有一个孩子犹豫片刻，他们几乎是不假思索且自然而然地画出了自己心目中的鸡妈妈。看来，大自然的确是最好的老师，相信耕读苑之旅一定会让孩子们在解放天性的同时，也汲取到大自然独有的养料。

星光晚会

夜幕降临，孩子们早早吃完饭，迫不及待地搬着小椅子来到表演大厅，因为接下来有孩子们最期待的活动——星光晚会。

"老师，什么时候开始啊？"

"就是呀，好想看呀。"

"别的小朋友怎么还不来？"

我耐心地回答："别急，其他班小朋友刚吃完饭，正往这里赶呢！"不一会儿，表演大厅里就坐满了孩子，主持人开始播报第一个节目："请欣赏大一班小朋友带来的舞蹈。"伴随着音乐的动感节拍，孩子们兴奋起来。

"这个舞蹈我也会呢！"

"我也会！我也会！"

"我比他们跳得还好呢！"几个小女孩你一句我一句。

终于要轮到我们班表演节目了，我们首先表演的是走秀。由于下午音音小朋友的脚被扎了一下，我蹲下来问她：

"你的脚还疼吗？一会儿的演出你还能参加吗？"

"老师，我能参加，我的脚不疼了。"她坚定地说。

"真的不疼？如果疼可以休息，不用参加的，老师担心你的脚伤会变严重。"

"真的没事，老师，我真的可以参加。你看，老师，我可以走。"

"那好，一定要注意哦。加油！"

走秀节目顺利地结束，下面的节目是组合舞蹈《青春修炼手册》。音乐响起之时，只见一个帽子以迅雷不及掩耳之势落在了加加的头上。"加加，戴上这个帽子比较帅。""嗯，好的，谢谢！"孩子们一边唱着歌，一边拿出手电筒营造出夜晚的星光。星光晚会在一片热闹中落下帷幕。

星光晚会的举行，让离开爸爸妈妈整整三天的孩子们，忘记了思念的忧伤。在与伙伴共同远行的日子里，孩子们不仅收获了友谊，更获得了独立面对生活的勇气！

晨跑中，我们捡拾大公鸡褪去的花羽毛；

散步时，我们寻找造型独特的枯枝和石头；

池塘旁，我们挖出各种造型的海螺；

松树下，我们和松果捉迷藏。

枯枝落地何安放，幼儿动手安其家。

你来截枝我来插，幼儿作品出世了。

玉米秆，连成串，小小画板挂起来。

去年大蒜墙上挂，狮子头上多毛发，

你来摘下我来粘，师幼互助共创它。

梧桐树干空心圆，截成小段拼成圆，

小熊猫眼儿圆，猫头鹰耳尖尖。

各种造型自搭配，奇思妙想创意多。

机器人阅读者，妙龄少女看守者。

大自然真奇妙，幼儿动手创造多，

师幼互助欢乐多，幼儿动手真快乐。

自己想、自己拼、自己摆、自己写，都是小小艺术家。

孩子们的作品创意十足，让孩子们自己徜徉在自己的创意海洋，做一个生活中的艺术家吧。

探访牛宝宝

　　春日的暖阳普照大地，温柔的春风吹醒万物，我们餐后像平日一样在耕读苑里散步。当我们来到动物园时，听到了"哞哞"的牛叫声。"老师，你听，牛叫了，我们去看看吧！"蛋蛋说。"好呀，我们一起去看看吧。"于是大家一起来到了牛棚。

　　"老师，生小牛啦！"刚跑进牛棚的孩子们高兴地叫道。"小声点，别吓着它了！"妞妞说道。"我们小声点。"栗子说道。紧接着，蛋蛋站在牛棚门口，对进来的每一个小朋友说："小声点，别吓到牛宝宝。"孩子们都变得小心翼翼。

　　只见初生的小牛身上披了一块大红色的布。小牛一次次站起来，又一次次倒下。"小牛怎么了？"栗子问。"它摔倒了。"妞妞回答道。"不是，

是它刚生出来，腿太软了。"蛋蛋反驳道。养牛的爷爷说："小牛这是在'拜四方'呢。拜完四方，小牛能站稳了，牛妈妈就能引领它吃奶了。"

"小牛的妈妈真辛苦啊，我们去喂喂它吧！"依依说。于是，孩子们大步跑向干草垛，每人都抱了满满一大怀干草跑向牛棚。这时，妞妞说："我们要轻点，不然会吓到小牛的！"只见正在奔向牛棚的孩子们都放轻了脚步，变得小心翼翼，生怕自己的脚步声惊到小牛。很快，牛槽里堆满了干草，孩子们安安静静地站在牛棚外观望，生怕打扰小牛吃奶休息。只见牛妈妈一遍又一遍地舔着小牛，一点一点地为小牛舔去身上的污垢。"你看，牛妈妈正在给小牛洗澡呢！"蛋蛋说。"我的妈妈也经常帮我洗澡，可舒服了！"牛子木说。"牛妈妈真辛苦！牛妈妈你多吃点吧。"妞妞说。"我的妈妈也很辛苦，我好爱好爱我的妈妈。"依依说。"我们都有名字，那小牛叫什么名字呢？"年龄最小的栗子问。于是，孩子们展开了热烈的讨论。"叫牛牛吧。"栗子说。"不行，那么多牛，你一叫牛牛，它们都跑出来了。"依依说。"那叫小花吧，你看它身上有花纹。"栗子又说。"不行不行，我们的小狗叫小花。"蛋蛋说。"那就叫小白吧，你看它头顶上白色的花纹多漂亮呀！"妞妞说。"好啊好啊，我们的小牛就叫小白！"其他孩子齐声说道。

孩子们于天地间感受爱，感受生命的神奇。

可爱的蚕宝宝

养蚕是孩子们在耕读苑的一项常规活动，也是他们十分喜欢和期盼的活动。雨过天晴，孩子们来到养蚕室，准备和可爱的蚕宝宝来一次亲密接触。

蚕可真多啊，密密麻麻的。这是孩子们经常养的蚕，白白的、胖胖的，摸着软软的。桑叶是它们的美食，看它们吃得多香啊！

有个孩子问道："这些蚕怎么会是黑灰色的？我可没见过。"养蚕的张老师说："黑灰色的蚕是野生的，它们在野外生存。"

孩子们第一次见到彩色的蚕，绿色的、黄色的、橘黄色的、浅蓝色的，特别好看，比他们平时养的蚕个头儿大很多，张老师说它们是柞蚕。

蚕也会拉臭臭的，它拉的臭臭叫蚕沙。蚕沙是一种药，可以去除身体里面的湿气。蚕沙有大有小，个头儿大的蚕拉的臭臭也比较大。

蚕沙臭吗？孩子们闻了闻，都说没闻到啥味道。

再过几天，蚕就要结茧了，孩子们有个疑问：

白色的蚕结的茧是白色的，彩色的柞蚕结的茧是什么颜色呢？孩子们
期待着……

鸡上树了

在耕读苑，每天与我们相伴的是翠绿的菜园、蓝色的天空、树枝上成群的花喜鹊、姿态妖娆的樱桃树，还有花生垛旁的小白鸽和大公鸡。

每天晚饭后，我们都会在葡萄藤下散步、骑小车。这天，正在骑小车的蛋蛋突然停下，远远地盯着门口的大树。我也跟着蛋蛋一起停了下来。

只见蛋蛋专心地盯着一只正准备上树的大公鸡。大公鸡一下又一下地扇动翅膀，直到它终于找到属于自己的位置。

"蛋蛋，你在看什么呢？"

"老师，你看那只大公鸡，它每天都站在那个位置。我们吃完饭散步时，它就开始上树了。如果有别的大公鸡占它的位置了，它就会跳下来再蹦上去，跳下来再蹦上去，直到站到它的位置。"

"你是怎么发现的？"我问道。

"它每天都会这样跳上跳下的，可淘气了！"

"你观察得真仔细啊。"

"老师，我还知道它们在树上还会挨在一起呢！它们一个挨着一个，这样就不会冷了。"蛋蛋说。

"你真聪明，那你还发现了什么和大公鸡有关的好玩的事情呢？"我问道。

"我还知道大公鸡晚上睡在树上，大树就是它的床。"蛋蛋神气地说道。他的话引来了更多的孩子，孩子们好奇地听着他就"大公鸡是怎么上树"展开的主题演讲。

孩子们热烈地讨论着，这时依依说："我们上次在牛棚旁边也发现了一个鸡窝啊！它是在干草堆里呢，不是在树上。"

"那可不一样，每只鸡的家不一样。这是这只大公鸡晚上睡觉的家，那是母鸡下蛋的家，每只鸡都有自己的家。"蛋蛋反驳道。看着蛋蛋自豪的表情，我不禁感叹：大自然是孩子们最好的老师。

蜜蜂学校

　　为引导孩子们关注环境、保护蜜蜂，我们在耕读苑里专门为孩子们开设了蜜蜂学校。

　　"老师，你快来看，这里有只小蜜蜂迷路了！"我走近一看，几个孩子围成一个圈，专注地看着一只晃晃悠悠爬行的小蜜蜂，正在商量着如何帮助这只小蜜蜂。

　　"它在这里很危险的，别的小朋友如果看不到它，会踩到它的。"

　　"它好像受伤了，它已经不会飞了。"

　　"我们给它换个地方吧！"

　　…………

　　孩子们商量后决定把这只小蜜蜂送回我们耕读苑的蜜蜂学校，让它的小伙伴们帮帮它。

　　于是，我们来到了蜜蜂学校。养蜂的爷爷热情地欢迎我们的到来，

还一直夸孩子们很勇敢。

蜜蜂学校里的小蜜蜂们"嗡嗡嗡"地在蜂箱周围飞进飞出地忙碌着，真是热闹极了！

"爷爷，你怎么没有戴帽子、用纱巾包着脸？那个爷爷都戴了，你不怕蜜蜂蜇你吗？"

养蜂的爷爷边打开蜂箱边对孩子们说："我已经养了四五十年蜜蜂了，非常了解它们，这些小家伙很友好的，多了解和它们相处的方法，它们就不会蜇你了。""可是我以前就让蜜蜂蜇过呢，可疼了！"涛涛说。"并不是所有的蜜蜂都那么好脾气的，你如果挡住它们飞行的道儿，或者是你身上有特殊的香味或刺鼻的气味，它就会

成长在耕读苑

蜇你。所以，孩子们，不要都堵在蜂箱跟前，会妨碍它们飞行，我们分散开吧。"养蜂的爷爷说。

养蜂的爷爷想请一位小勇士来近距离地跟这些小家伙打个招呼。

"老师，我想试一试。"一个小女生勇敢地说。

"老师，你快看，这满天飞的都是小蜜蜂。爷爷，小蜜蜂里有侦察蜂吗？"

养蜂的爷爷乐呵呵地对我们说："有的，侦察蜂负责探路，去寻找适合工蜂们采蜜的地方，然后它会飞回来用特殊的信号告诉工蜂们。工

蜂们就会结伴去采蜜，把采回的营养和水分供给大蜂王，好让蜂王产卵，这样它们的王国就会变得更强大。你们看到的这些进进出出的蜜蜂就是在忙着运输营养……"

想不想尝一尝小蜜蜂们采来的蜜？在它们用分泌的蜂蜡搭建的巢里，透明发亮的就是小蜜蜂们飞来飞去采的蜜。

在回去的小路上，孩子们纷纷说："老师，我想像爷爷那样跟蜜蜂做好朋友，照顾它们。"

在这里，保护昆虫、关爱环境的种子萌发；在这里，我们发现生命，领悟生命，尊重生命。大自然是最好的老师，感谢耕读苑里存在的每一个生命，是它们在为孩子们的成长呐喊助威。

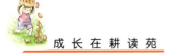

 银杏树叶变变变

2017 年 11 月 6 日，耕读苑里的孩子们在王老师的带领下一起来到一棵美丽的银杏树下。在观赏这棵银杏树的同时，王老师和孩子们一起讨论着用什么办法让银杏树叶落下来。孩子们充分发挥了奇思妙想，纷纷献上自己的计策。就在这个时候，一阵大风吹过，银杏叶纷纷扬扬地飘落下来，孩子们仰头感叹道："好漂亮啊！"

哇！漫天飞舞的银杏叶，像一只只美丽的黄蝴蝶。开始捡银杏叶喽！快看，一只黑兔也被吸引过来了，它是想和我们一起捡银杏叶吗？

捡完银杏叶，王老师要教大家一个新本领——用银杏叶做"玫瑰花"。王老师先用一片银杏叶卷出一个"花蕊"，再一层层地叠加花瓣，最后把做好的"玫瑰花"用绳子系好，放在花瓶里。孩子们专注地看、

认真地听，努力学习的样子十分可爱。

王老师做的"玫瑰花"，是不是很特别？心灵手巧的王老师更有一双发现美的眼睛，可以把大自然中的花草树木变成孩子们手工创作的原材料。

"王老师，我们做好了，帮我们系一下绳子吧！"

"王老师，我们也做好了，漂亮吗？"

做好的小朋友越来越多了，他们陶醉在自己创作的作品里。

孩子们想比一比谁做得更漂亮，但好像都认为自己的最好看，他们都是那么的自信。

绚丽多彩的大自

然激发了孩子们创作的兴趣，看着孩子们的作品装饰在教室的一角，真是一种美的享受。大自然的礼物最珍贵！

冬瓜的故事

在我的眼里，洋洋是个可爱的小帅哥，也是个娇气的"公子哥"。

第一天晚上寻宝时，洋洋发现了一个宝贝，他激动地把宝贝抱到我面前说："老师，我找到了一个大西瓜。""大西瓜？这是冬瓜，宝贝。"寻宝的路上孩子们找到了许多宝贝，有羽毛、石头、花生、小野花、小木棒，还有小树叶。不管别人找到什么，洋洋都视而不见，紧紧地抱着自己的宝贝冬瓜。沉甸甸的冬瓜有三四斤重吧，这对于一个五岁的孩子来说不算轻。

寻宝途中我们发现了一大片冬瓜地，我劝洋洋："孩子，把冬瓜放回去吧，抱着多沉呀！"

"不，我要送给妈妈。"洋洋说得很坚定。

"这么大的冬瓜，你打算抱回家吗？"问完我笑了笑，心里想：恐怕你玩起来就会把它给忘了呢！

然而，出乎意料的是，洋洋真的把冬瓜抱回了寝室。至于他把冬瓜放在了哪里，我没有在意。

第四天午餐后，我们该离开耕读苑了，孩子们拉箱子、背书包、拿水壶、穿马甲、戴帽子……好不热闹。我们浩浩荡荡地往门口走去，我猛地一回头，看到洋洋抱出了自己的宝贝冬瓜。只见他左手拉着箱子，肩上背着书包，头上戴着太阳帽，脖子上挂着水壶，而最有力量的右

手呢？紧紧地抱着他的宝贝冬瓜。洋洋显然很吃力，小嘴巴微微张着，鼻尖上冒出了小汗珠，白皙的小脸蛋上几道土痕清晰可见。看着他的"狼狈"样，我"扑哧"一声笑了出来。

"洋洋，把冬瓜放下吧，太沉了。"

"不行，我要送给妈妈。"

"你确定妈妈喜欢冬瓜吗？"

"这是我给妈妈找的礼物，我要给妈妈一个惊喜。"

"你都累得出汗了，我们给妈妈换个小点的礼物吧。"

"不行，就送这个宝贝。"

洋洋回答得很坚定，平时那么喜欢搞怪的他，此刻表情十分认真。看到他如此执着，我冲他做了一个OK的手势。他笑了，笑得很甜。

回家的路上充满了欢声笑语。下车时，我只顾忙着招呼孩子们，一时竟忘了冬瓜的事。送走了所有的孩子，我猛然想起了冬瓜，它是被洋洋忘在了车上还是抱回了家呢？我马上给洋洋妈妈发短信，很快，洋洋妈妈回复道：冬瓜被洋洋抱回了家。

为了给妈妈一个大自然的礼物，洋洋一路坚持着，忘记了累，忘记了辛苦，如愿以偿地给了妈妈一个惊喜。通过这件事，我们看到了孩子纯真的爱。

请张开双臂拥抱我们的孩子吧！因为他们是我们最好的未来！

拓 印

孩子们在图画纸上画过画、在A4纸上画过画、在宣纸上画过画，这一次要让孩子们尝试的是在白色的手绢上作画。

老师拿出一块白色手绢对孩子们说："今天我们把这块白色的手绢装饰一下吧！你们想用什么方法装

饰呢？"老师的话音刚落，孩子们就开始七嘴八舌地讨论起来："这个怎么画呀？"彤彤挠挠头，一脸迷茫。"我知道，用彩色水彩笔画。"妞妞兴奋地说。"也可以用记号笔画，还可以用水粉来装饰。"兵果自豪地说。这时老师又说："你们的方法可真多呀！但是我们这次装饰不用水彩笔、记号笔，也不用颜料，我们用的工具和材料是锤子和树叶。"孩子们听后顿时鸦雀无声了。"老师，我知道了，你是要把树叶贴上去。"

香香说。"老师说的是用锤子，又没说用双面胶，怎么贴呀？"图图反驳道。看着孩子们渴望的眼神，我说："要想用锤子和树叶装饰这块白色手绢，第一步是寻找材料，然后用找到的树叶在手绢上摆出自己喜欢的图形，最后用锤子把树叶的汁砸出来。注意，在用锤子的时候一定要小心，不要伤到自己的手哦。"

　　白色的手绢在老师的手里一会儿工夫就变得五颜六色了。孩子们欢呼着："我也要试试，我也要试试！"老师说："这种作画的方法叫拓印，什么是拓印呢？就是我们用小锤子把植物叶子捶打一下，将它的纹理结构拓在手绢上，这样手绢就被我们装饰得很漂亮了，形成了一幅美丽的图画，你们也来试一试吧！"于是孩子们三五成群地开始寻找装饰材料。有的孩子发现桃树上的叶子特别漂亮，他们走向了桃树；有的孩子发现柿子叶也不错，于是就摘了几片下来。这时，老师发现有的孩子竟然走向了菜地！他们在菜地会发现什么宝贝？只见飞飞蹲在地上，对着不知名的植物的叶子自言自语道："也不知道这个会不会好看，我拿回去试试吧。""老师，我找片香菜的叶子可以吗？"雪儿问道。"可以呀，你拿回去试一试吧！"孩子们是第一次尝试拓印，还不敢大胆地尝试，需要老师的鼓励和支持。

"老师，你看我找到这么大的叶子，我肯定能把手绢装饰得很漂亮！"

找好材料了，准备设计吧！小小的手绢怎么设计呢？横着摆？竖着摆？这可是个难题了。孩子们找了好多树叶，都想摆上去，可是摆太满的话没办法把手绢折过来啊，再试试别的摆法吧……每个孩子心中都有一幅美丽的图画，他们拿着树叶在小小的手绢上不停地摆弄着、安静地操作着、反复地实验着，就连平时比较活跃的孩子今天也显得格外安静。这毕竟是孩子们第一次尝试这样的创作，所以他们显得格外小心翼翼。

在用锤子的时候老师一直提心吊胆，生怕孩子们砸着自己的手，其

实孩子们比老师想象的要小心得多，在整个操作过程中他们安安静静，没有伤到手的情况发生。其实有时候是我们不敢放手让孩子去尝试，但是孩子总是要成长的，不放手怎么让他们学会保护自己呢？

看！白色的小手绢瞬间变得五颜六色。孩子们装饰的小手绢是不是别有一番风格？昊昊说："我要把我装饰的手绢送给妈妈，她一定很喜欢！"冯一也说："我要把这个送给我弟弟，我最喜欢我弟弟了！"是啊，第一次尝试拓印，他们怎么会不兴奋、不激动呢？看着自己亲手装饰的手绢，孩子们脸上洋溢着幸福的、满意的笑容。动手能力和自信心不就是这样一点一点培养起来的吗？

每个孩子心里都有一颗美的种子，艺术学习的关键在于老师为孩子充分创造条件和机会，激发孩子的想象力和创造力，引导孩子用心灵感受美和发现美，并且能用自己的方式去表现美和创造美。

"滚"山坡

孩子们午睡了。秋日的午后，微凉的风儿吹过，偶尔会有几片树叶轻轻地飘落下来。葡萄架下的小鸡在来来回回地踱步，好自在，好悠闲。

午睡前，我和孩子们已商定：下午去小山坡上玩。起床后，孩子们相互催促着喝水、吃水果，都想要早点去小山坡上玩。

"大家准备好了吗？"我问道。

孩子们齐刷刷地答道："准备好了！"

一个孩子一边摆出前进的姿态，一边高声喊道："前进前进，向着小山坡前进吧！"那滑稽的小模样，让人忍不住捧腹大笑。就这样，我们大九班雄赳赳地出发了。

一会儿工夫，我们就来到了小山坡前。对于大多数孩子来说，小山坡不算高，但对于恐高的朵朵来讲，还是不低。记得上次我们爬到"山顶"之后，朵朵捂着眼睛颤抖着说："这个山坡好高呀，我都不敢往下看了！"

张腾宇已经第一个熟练地冲下了山坡，他看到朵朵在犹豫，就对朵朵说："朵朵，别怕！跟我来！"在大家的鼓励下，朵朵小心翼翼地跟着张腾宇冲上"山顶"。她没有像张腾宇一样冲下山坡，反而蹲了下来。张腾宇喊道："朵朵，别怕！我在下面接住你，勇敢一点！"旁边的笑笑拉着朵朵的手，陪着她一步一步地走了下来。有了第一次，第二次、第三次朵朵似乎慢慢忘了恐惧，终于在第四次，她能自己跑下来了……朵朵开心地笑了。看到孩子们能在同伴遇到困难时，耐心地去鼓励、帮助同伴，我感到特别欣慰。

冲了几次之后，张腾宇发明了新玩法：只见他趴在山坡上，四处张望，确认四周没有障碍后，从山坡上熟练地"滚"了下来。旁边的孩子看得心里痒痒的，个个摩拳擦掌，都想小试一把。不一会儿，有几个孩子模仿着张腾宇的动作，相继"滚"下了山坡。

突然，我好像听见旁边的桃子说："笑笑，我也要'滚'山坡，你能陪我一起'滚'吗？"

笑笑担心地说："山坡上都是土，'滚'完还要换衣服。"

桃子说："反正明天我还有干净衣服可以穿，也想换换了。笑笑，你最好了，你就答应我吧！"

笑笑不忍心拒绝，想了想说："我明天还有最后一身衣服可以换，我陪你吧！"

就这样，孩子们爬上山坡、"滚"下山坡，玩得不亦乐乎。后来，我和孩子们坐在旁边的轮胎上聊天，我问他们："'滚'山坡好玩吗？"

"太好玩了！"

"下来时，感觉自己像车轮一样在转动，我都停不下来。"

"我是坐着滑下来的，就像滑雪一样。"

一次"滚"山坡，不仅锻炼了孩子们的意志，还使孩子们收获了经验和友谊。今天下午的时光是快乐而充实的，真心祝愿孩子们健康成长！

童年、"童"食、"童"乐

童年是一曲动听的歌。

童年是一支欢快的舞。

童年是一首美妙的诗。

童年是一幅七彩的画。

河南省实验幼儿园食育实践基地之"吃出健康，玩出智慧"六一系列活动拉开序幕。耕读苑的夏天瓜果飘香，孩子们亲自种植的蔬菜水果

陆陆续续成熟了。九宫格菜园里蔬菜喜人，果树林的果实触手可及。孩子们最开心的就是亲手采摘蔬果了。这些蔬果都是他们来自挖土种植、精心养护的，所以他们倍加珍惜自己的劳动成果。

师幼共同制作蔬果拼盘时，孩子们充分发挥了奇思妙想。大家一起

分享自己的作品，一起品尝自己的劳动成果，满满的成就感洋溢在小脸上。

孩子们专心致志地做手工，巧妙地用五谷杂粮拼贴出一幅幅美丽的图画。

艺术来源于生活，来源于丰富多彩的生活经验。孩子们通过观察蚕宝宝、小蜗牛、小兔子的特点，在做面点时，创造出一个个富有童趣的造型。孩子们真是心灵手巧啊！

天地课堂的木偶剧场独具特色，蓝天是屋顶，大树是背景，轮胎是椅子……孩子们在大自然的怀抱里观看老师们精彩的表演。

"我们怎么上去？"孩子们七嘴八舌地出主意、想办法，最后兵果说："我们用轮胎做一个云梯吧！"几个孩子合作，一个一个地往上垒着，

哈哈！终于成功啦！踩着云梯爬得真快呀！

孩子们一起玩水枪喽！这时，孩子们瞄准了一棵树，"我们给大树洗澡吧"，说着大家开始行动起来。快看，他们个个都是"神枪手"啊！

快来看这边的大蛋糕，这可是好几个孩子努力很久的劳动成果呢！

精致极了！

百玩不厌的沙土，今天又变成什么了呢？猜猜看？

找一个小盆，放入水和土，将它们和一和，就变成大家手中的"面"。孩子们都变成像模像样的"小厨师"了呢。

陶艺活动是耕读苑的又一特色，不一样的泥玩出不一样的精彩，泥的诱惑，陶乐融融！

在耕读苑，鸽子在蓝天上自由地飞翔；

在耕读苑，孩子们在沙土地上自由地奔跑；

在耕读苑，一望无际的麦子成熟了；

在耕读苑，看着麦子堆成山；

在耕读苑，看蚕宝宝吐丝结茧；

在耕读苑，为蜜蜂妈妈的伟大称赞；

在耕读苑，与泥土成为亲密的玩伴；

在耕读苑，与大自然的一草一木相连。

不一样的童年体验，尽在美丽的耕读苑。

天地课堂

——童年·童真·童趣

　　2017 年 7 月 3 日到 7 月 7 日，孩子们要在耕读苑进行第二期 5 天 4 夜的暑假活动。这是一次非同寻常的耕读苑之行，因为首届儿童食育研讨大会的参观活动要在耕读苑进行。家长们期待，老师们期待，孩子们也期待……我们相聚在幼儿园门口，要从这里出发喽！在路上，听

着孩子们快乐的歌声，听他们和小伙伴说着有趣的事情，讨论着怎么游泳给大家看、怎么玩水枪，好开心！

我们安全到达耕读苑了，这里的一切都是那么熟悉，仿佛是旅行后回到温馨的家。孩子迫不及待地想看到这里的一切……

孩子们是名副其实的整理小能手，看看他们的拉杆箱、书包、帽子、牙具、拖鞋，都整理得整整齐齐的，是不是很能干？

在葡萄架下面，孩子们玩起了木头人游戏，看看他们的百变造型，是不是很酷？游戏之后触手可及的葡萄来一串，品尝一下这美味的葡萄，太甜了！

是否还记得儿时我们和小伙伴玩泥巴的场景？快看！一会儿工夫，端水、浇水……这块干地上出现了小池塘、小河、小

湖……小木块变成了小帆船，鞋子上沾满了泥土，他们却忘我地和小伙伴一起快乐地玩耍着、嬉戏着。他们在这里释放着天性，挥洒着童真、童趣。

我们一起参观了食育堂，土坯房子里面陈设着具有年代感的家具、农具。孩子们边走边看、边看边问，看到老式织布机，他们兴高采烈地问："老师，这是打印机吗？"哈哈！孩子们的想象力真丰富啊！

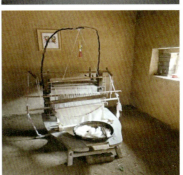

"鸡妈妈都在窝里干什么呢？""它们是不是在下蛋呀？""老师，你知道母鸡下蛋后为什么要咯咯哒吗？我知道它是在说下蛋了，下蛋了。"孩子们真是无所不知的小精灵！

最期待的游泳、玩水枪来了！这些小家伙居然拿着水枪瞄准了老师，来自四面八方的水枪让老师们无处可逃。好吧！有装备就是厉害！

这是有什么新发现吗？一开始，孩子们在桃树下面玩摔面包，玩着玩着他们发现了小蚂蚁。"大家快来看，这里有蚂蚁"……孩子们忙碌起来，用轮胎给它做新家，去找马齿苋给它吃，目不转睛地看着它。这就是孩子们自发游戏的魅力所在吧！看着他们玩耍，老师们也乐在其中。

这里的狗尾巴草随处可见，孩子们开始忙碌地拔草了，因为都想让老师给做一个可爱的小兔子。当老师做好第一只小兔子时，有一个宝贝

提议带回家放在花瓶里，好棒的主意！孩子们在田园生活中懂得了生活情趣，学会了感受大自然的美！

　　这周的天气格外地厚爱我们，一场大雨过之后，一切都是清新的，地上的沙土也格外松软，菜园里的菜长得喜人，宝贝们看见大葫芦，情不自禁地唱起了《葫芦娃》，好应景的歌声！

　　这条小路的尽头就是桃树林了，走！摘桃子去，浩浩荡荡的我们来了！

　　大白鹅看见我们来了，都吓跑了。殊不知，你们不跑，吓跑的应该是我们了。不知道是谁吓谁呢？哈哈。

　　管道迷宫是孩子们最喜欢玩的，每次都玩得热火朝天。

　　猜猜我们在玩什么游戏？我们心中都有一个目标，那就是我一定要赢，我要坚持。

　　莲花池上面的攀爬游戏好惊险啊！看看孩子们胸有成竹的表情，胜利就在眼前。你敢来挑战吗？

　　来来来，摸鱼啦！这里面有好多鱼呀！"老师，我摸到一条了，赶紧把盆拿过来吧！"

　　和大家分享一下来耕读苑第一天发生的一个小故事，吃饭时一位宝贝突然在抹眼泪，我走过去询问原因，他说："我想住在耕读苑。"我安慰他说："咱们今天就是住这里呀，你哭什么呢？"他好像不知道怎么表达。"你是太激动了吗？"他点点头。他旁边的小朋友说："你是要住一百天吗？"他很坚定地说："不，是永远！""永远？"这个宝贝略有所思地说，"永远就是无数吧！"他说："不，永远就是永远！"

　　大都市给了孩子们优越的生活，而大自然却给了孩子们心灵上的抚慰和对美好生活的向往。一句"永远住在耕读苑"让我热泪盈眶！我不知道宝贝说的永远是多久，但我深信，天地课堂带给孩子们的是童年最珍贵、最难忘、最美好的回忆！

特别的电影

提到电影，相信孩子们脑海里想到的就是：周末的时候，和爸爸妈妈一起去电影院，排着长长的队买好票，坐在一个封闭的、黑黑的、大大的屋子里，观看一场视听震撼的电影。可是，你知道吗？在耕读苑里，孩子们观看的是一场特别的电影，他们自然会有别样的感受。

白天孩子们在黄土地里奔跑、田野里撒欢儿，尽情地玩耍。傍晚，当我说晚上要看电影的时候，孩子们兴奋地问："老师，这儿没有电影院，怎么看啊？"我卖了个关子："耕读苑的电影很特别哦，到时候你们就知道了。"

夜幕降临，天色渐渐暗下来。当看到摆放整齐的椅子、银幕布和投影仪时，孩子们都惊讶地问："啊？这是一块布？它能放出电影吗？"

"我看见了一台电脑，肯定是用电脑放电影！"

"嗯，有可能。"

半信半疑的孩子们坐了下来。当屏幕亮起时，乐乐就像发现了新大陆一样，大声说："老师，我知道了，是会发出光的那个机器放出的电影。"

"你说得很对，这是投影仪。"

电影开始了，孩子们一个个目不转睛地观看，看得很投入，都被影片跌宕起伏的情节吸引住了。

电影结束了，孩子们恋恋不舍地站起来，突然发现自己映入了灯光：

"咦？快看，我的影子在幕布上呢！"

"老师，你看，我的手变成小兔子了！"一个孩子这样一说，孩子们又开心地玩起了影子游戏。

"电影真好看！"

"我以前都没有和这么多小朋友一起看过电影。"

"回家让妈妈也带我去看……"

一台投影仪、一块银幕布、两个音箱、一群伙伴……多年以后，那场与伙伴一起观看的特别的电影，将会成为孩子们童年最美好的回忆！

生活课堂，成长之歌

有一种教育叫放手，有一种能干叫自主。

生活无小事，事事是教育。在耕读苑里，孩子们的吃喝拉撒睡都力求独立完成。在生活这个大课堂里，孩子们自己整理行李，分组洒扫庭院，轮流做餐厅值日生，亲自做一顿美餐，每天坚持清洗衣物、洗脚洗澡，还要整理自己庭院里的后花园。在看似简单、重复、平淡的生活中，孩子们的智慧悄然生长。

生活即教育，生活是最真实的教育，也是最好的教育。

一日观摩活动

打扫庭院

欢度冬至

行李箱排排队

小小值日生

"今天轮到我们班值日了，我们要提前去餐厅摆放餐具。"

"太好了，终于轮到我们班值日了。"

"在幼儿园里值日时，我们都会把餐具摆放得很整齐，在耕读苑我们也要把餐具摆放得很整齐。"

"对，想到可以同时为这么多小朋友服务，好激动呀！"

大家说笑着来到了餐厅门口。餐厅很大，桌子上摆放着高低不一的小椅子。

"孩子们，我们先干什么？"

"搬椅子。"

"来吧，孩子们，让我们卷起袖子干起来吧！"话音刚落，孩子们便兴奋地跑到桌子前面去放小椅子。别看我们班只有 18 名小朋友，可干起活来速度是相当快，转眼间椅子都被放到了桌子下面。

"这么多的小碗、小盘子和勺子，怎么发呀？"我向孩子们抛了个问题。

"就像在幼儿园里一样，一人管一组。"

"我发小碗，你发盘子。"

"老师，我们分工合作吧！"

"你们是愿意一人发一组餐具，还是发其中的一种餐具呢？"

经过举手表决，按照少数服从多数的原则，大家决定一人发一种餐

具。很快，孩子们分工完毕，开始分发餐具。就在大家分发餐具的时候，一个小男生提醒道："发勺子的小朋友，勺子都没有放整齐呀！勺子要朝向同一个方向，那样才整齐嘛。"

"就是就是，我们在幼儿园时都是那样做的。"

"我们一起来摆吧。"

边说边做，转眼间，所有的餐具都被摆放得整整齐齐。看着摆放整齐的餐具，孩子们异口同声地说："哇，好整齐呀，我们真厉害！"

这不就是餐厅礼仪的一部分吗？无形中，孩子们已经把食礼融入生活，感受到了食育带给他们的快乐。

洒扫庭院

阴冷的天气抵挡不了孩子们要当值日生的热情，吃完早餐后，孩子们拿着小扫把和小抹布，跟随老师来到了大广场。

"为了让广场变得干净整洁，我们可以做些什么呢？"

"我要洒水，我的力气大。"

"我也想洒水。"

"这些椅子脏脏的，我可以擦椅子。"

"这里的椅子放得很乱，我会把它们摆得整整齐齐。"

"地上有脏东西，我会打扫干净。"

"老师，我们来擦楼梯，我们一定能把它擦得干干净净的。"

说干就干，孩子们热火朝天地忙起来了。看！那边有一个小朋友弯着腰、弓着腿，正在一心一意地擦着栏杆。哪里脏，她就过去擦一擦，连一点点缝隙都不放过，忙得不可开交。"看起来只有那么一点点，怎么擦起来就那么

多？"她疑惑不解地自言自语道。瞧！那边还有一个瘦小的身影在晃动。原来是依依小朋友，只见她在擦凳子的同时，不忘捡起凳子下面的垃圾，然后把垃圾扔进垃圾桶里。

在孩子们的共同努力下，我们的广场很快就被打扫干净了。

接着，我们又来到了后院。后院可没有想象中那么容易打扫，路上铺着一层厚厚的泥土。

"我们需要把这些泥土清扫掉，谁有好方法呢？"

"我们使劲扫一扫就扫掉了，老师，你看我的！"

"哈哈哈，你这办法多累呀！老师，我们把土先铲掉。"

"就是就是，我同意朋朋的看法！"

"我也同意！"

拿到铲子后，孩子们就开始铲土了。

"老师，这太好玩了，我们能多铲一会儿吗？"

"老师，我最喜欢当值日生了，明天我们还能当值日生吗？"

"老师，你看我铲了这么多土，我是不是很厉害？"

很快，路上的泥土就被孩子们清理干净了，接着孩子们拿着小扫把轻轻一扫，这样我们的后院就变得干干净净啦。

"老师，还有哪里要打扫？快带我们去！"

"老师，我们去把寝室门口也扫一扫吧？"

黎明即起，洒扫庭院，内外整洁……在耕读苑，传统的开蒙教育得以传承。

倾听水之语，沐浴添活力

温暖的阳光洒满大地，今天我要和一位男老师分别带领女生和男生去洗澡。

我带着女生进入更衣室之后，孩子们禁不住发出"哇"的声音。她们看看放置衣服的床，再用小手摸一摸，接着好奇地问道："咦？老师，这里怎么没有电视啊？""怎么也没有沙发啊？"

我不禁笑了，看来这些孩子经常去设施条件完备的洗浴中心洗澡呀！那里有电视、有沙发，还有点心。这种公共浴室她们应该是第一次见到，所以会对这里充满了好奇和疑问。让孩子们接触一些新的事物，给她们的生活融入一些不一样的元素，或许对她们来说是非常宝贵的体验。

孩子们快速地脱完衣服，进入了女生淋浴区。

"洗澡间真大呀！"

"咱俩一起洗吧！"

"我想站在第一个花洒下洗，你呢？"

"我已经长大了，可以自己洗。"

"水好暖和呀！洗澡真是太舒服了！"

"咱俩背靠背一起冲吧！"

"你闻闻，我的洗发水是草莓味的。"

"我的洗发水是桃子味的。"

孩子们一边聊天一边洗洗搓搓，笑声、水声融在一起。

"孩子们，你们互相帮帮忙吧，看看小伙伴的头发、身上有没有冲洗干净？"

"你的耳朵后面有泡沫，快冲冲吧！"佳宝对果果说。

这时，我发现心心站在花洒旁不肯冲水，于是我说："快冲冲水呀，孩子，站在这里多冷啊！"

心心不好意思地抬起头小声说："我怕洗头，洗发水会辣眼睛的。"

"我有一个不会辣眼睛的方法，你愿意让我帮助你吗？"

心心使劲地点点头。

我和心心面对面站着，让她抱着我的身体。我柔声对她说："宝贝，别怕，轻轻地抬起头，咱们揉一揉、冲一冲，很快就好啦。老师不走，老师一直在你身旁。"心心紧紧地抱着我，这一刻我是她最大的安慰。

洗完澡后我帮助孩子们把身体擦拭好，提醒她们快一点把衣服穿上，防止受凉。当有的孩子袖子拉不出、裤子不好提或者自己换下来的脏袜子找不到时，旁边的小朋友都会主动过来帮忙。穿好衣服的孩子坐在床边等待，有的在聊天，有的还开心地哼起了小曲儿……

集体洗澡，既是一次让孩子们爱干净、讲卫生的活动，也是一种让她们去接触和感受一些新鲜事物的生活实践。孩子们一起聊聊天，一起冲冲水，友谊就像浴室里的热气一样，在不知不觉中升温。一起洗澡真好！

月光足浴

　　一天的活动结束了，孩子们累并快乐着。借着月光，孩子们一边洗着小脸、刷着牙，一边讨论着牙膏的口味。沫沫早早地洗漱完毕，问道："老师，怎么洗脚啊？"

　　"就是，不会就在水池里洗吧？""不能洗脚，那多不舒服呀！"孩子们你一句我一句地说了起来。

　　"哈哈，不会让你们在水池里洗的。看！这里有盆，老师还准备了热水，今天晚上我们就来月光足浴吧！"

　　"月光足浴？""好棒呀！""我从来没在月光下洗过脚呢。"孩子们望着月亮兴奋地说。

　　"我们先干什么呢？"我引导着孩子们。

　　"肯定是先脱掉鞋子喽。"

　　"对，还要脱掉袜子。"

　　"换拖鞋，总不能洗完脚还穿刚刚脱下的鞋子吧！"

　　"嗯，我们先换拖鞋，把脱下的鞋袜放在鞋架上再去洗脚，那洗完脚之后呢？"我追问道。

　　"擦脚。""睡觉嘛。"孩子们回答道。

　　"可这洗脚水和盆怎么办呢？"

　　孩子们一脸的茫然。"水当然是倒掉了，把盆摞在一起。"突然琳琳打破了此时的宁静，"我在家都是这样做的呀。"我笑了，他们真的是长大了呢！"太对了，水要倒进水池，让它流向远方。用过的盆肯定得放回原处喽。"

　　"孩子们，我们开始月光足浴吧！"一声令下，孩子们开始有序地做自己的事情了：有的蹲下来脱鞋子，有的撅着小屁股脱鞋子，有的一手扶着墙，一手脱袜子……

　　脱完鞋袜的宝贝们开始洗脚了。"老师，我的裤子湿了。"一个胆怯的声音传来。孩子们的目光都聚集在那个年龄偏小的孩子身上。"蕾蕾，把裤腿往上卷一下！"还没等我开口，她的好朋友就告诉她了。"是的，洗脚之前要先把裤腿往上卷一下，并且小脚不能在盆里乱踢，不然裤子会被弄湿的。"我提醒道。孩子们有的用手搓脚，有的两只脚相互搓一搓，洗得可真干净！只见他们陆陆续续地洗好脚，把水倒进水池里，又把盆放回了原处。

　　"孩子们，每天晚上用热水泡脚可以促进血液循环，缓解疲劳，预防感冒。泡脚的好处多多，你们要每天坚持哦！"

　　明亮的月亮、温柔的清风，让月光足浴充满了浪漫的气息，我相信这一切都能够成为孩子们心中珍藏的画面。

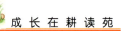

我的行李箱

终于又要去耕读苑啦！对于幼儿园毕业前的最后一次耕读苑之行，孩子们充满了期待。

说到去耕读苑，当然少不了要带许多东西：换洗的衣物、牙刷、牙膏、水杯、备用的鞋子、装宝贝的百宝瓶……这次要去五天四晚，具体都要带哪些东西呢？我和孩子们一起把耕读苑之行的物品清单详细地分析了一遍。有了前几次的经验，孩子们显得很是老练，直接就能猜到物品的用途：

"有手电筒啊，这次肯定还要寻宝！太棒了！"

"有百宝瓶，我们又可以捡宝贝啦！"

对于一些新出现的物品，孩子们则充满了兴趣：

"为什么要带小毛巾啊？擦手用吗？"

"就是啊，为什么还要带一条大毛巾啊？"

"因为用湿巾、卫生纸很不环保，并且我们用一次就扔掉了，太浪费了。毛巾就可以一直用啊，脏了我们洗洗就行了。至于大毛巾……等你们去了就知道啦！"

"啊？告诉我们吧。"

"我好想知道啊！"

"好想赶紧去啊！"

小小的悬念勾起了孩子们的兴趣，每一次的耕读苑之行，对孩子们来说都是新鲜的体验。

为了能让孩子们在耕读苑享受快乐时光、锻炼独立自主的能力，班里的笑笑主动承担起了"小老师"的职责，从家里带来了整理好的行李箱和小书包，亲自教大家整理行李。

笑笑一边讲解一边示范，从上衣到裤子，从外衣到小袜子，一点一点耐心地为大家讲解。讲解示范完，她还会请小朋友们来练习。孩子们听得很认真，都积极主动地上前体验。

先折叠，再打卷，然后把整理好的衣服一卷一卷地放入行李包；在行李包里放入写好时间的卡片，分类放整齐，这样就能把行李收拾好啦！

结束后，孩子们兴奋地聊着天：

"我要回去自己整理行李箱，整得和笑笑一样好！"

"我也要自己整，我要带我最喜欢的衣服。"

"我这次就不让妈妈给我帮忙了！"

…………

耕读苑之行，快点到来吧！我们已经迫不及待了！

欢乐的绳索桥

"老师，今天我们的活动是什么啊？"一大早，孩子们就迫不及待地问。

"今天我们要去完成一个'勇敢者的挑战'！"我神秘地说。

"勇敢者的挑战？什么才算是勇敢啊？我勇敢吗？"轩轩指着自己的鼻子，搞笑地问我。

"绳索桥，你们走过吗？一种非常刺激、好玩的桥。"

"绳索桥？是用绳子做的桥吗？"一个孩子疑惑地问。

"是的，现在我们就去绳索桥那里。"

我们一路小跑，来到了绳索桥跟前。这个绳索桥两边只有绳子可以扶，真酷！胆大的孩子看了有些兴奋，胆小的孩子看了有些害怕。

"谁能说一说，走绳索桥时需要注意什么？"

孩子们议论纷纷："走的时候，要抓紧绳子，小心一点，不要掉下去。""别走太快，慢一点更安全。""要看好脚下的位置，站稳，别摇晃。"

我再一次提醒孩子们走绳索桥的方法及安全注意事项，然后微笑着问："谁愿意做第一个勇士，带领大家来挑战绳索桥？"

"我！我！"格格第一个举手。

"老师，让我来吧。"阿木也不甘示弱。

"老师，选我吧！"

孩子们都特别积极踊跃，互不相让。

"想挑战的孩子来这儿排队，我们按顺序来。"我不紧不慢地说。

一声令下，阿木第一个出发了。当他抓住绳索出发时，其他孩子都为他加油助威。"阿木，加油！阿木，加油！"阿木好得意，只见他一点都不着急，抓紧绳索，不断调整状态，一步接一步，摇摇晃晃地走到了桥中间。这是最难的地方，绳子晃悠得特别厉害，此时人很难在桥上保持平衡。只见他在桥上左摇右晃，脚下一步也迈不开。

旁边等待的孩子看到了，紧张而又激动地大喊："阿木，加油！阿木，你是最棒的！""抓紧绳子，慢点儿走，可千万不要掉下去了。"

阿木受到了鼓舞，深吸了一口气，定了定神，继续向前一点一点地挪去……很快，他到了桥对面，还不忘扬起笑脸，挥手向我们示意。等待的孩子们也都兴奋得跳了起来，向他表示祝贺。

第一位挑战者挑战成功，让剩下的孩子信心十足。这一次，我提议："两个孩子组合，一起挑战过绳索桥！"话音一落，一个小女生和一个小男生快速跨出队列，跑到绳索桥前。"我们抓紧绳子，慢点走！"小男生对小女生说。毕竟是两个人同时过绳索桥，桥一直在左右摇晃，仿佛故意给他俩出难题，他俩寸步难行。后来，桥晃得更厉害了，似乎要把他俩给摇下去。我们屏住呼吸，紧张得不敢说话，只能注视着他俩。我大声提醒："你俩调整好节奏，一起走，注意保持平衡。"

我的提醒还真管用，他俩商量了一会儿，终于能走了。最终，他俩顺利地完成了挑战。

接下来出发的是两个小男生。刚开始，这两个小男生走得还挺顺利，不一会儿就来到了桥中央。这时，似乎出现了点问题，绳索桥太摇晃，两个人都东倒西歪，控制不住平衡。走在前面的小男生掉下了桥。后面的小男生显然受到了影响，没走几步，也掉了下去。最后，他俩只好走到了桥对面。

虽然没有挑战成功，但是孩子们同样给予他们热烈的掌声。

无论成功还是失败，都不是最重要的，重要的是有勇气面对困难、克服困难，让自己变得更加勇敢、更加自信。

成长的路上等一等

乌云散去，我们终于见到了久违的阳光。

今天是我们在耕读苑的最后一天，孩子们准备收拾行李，告别这里了。

"老师，我们就要走了吗？"一个孩子问我。

"是呀，马上就要回家了，你们可以见到爸爸妈妈了！"

"那我可要好好收拾行李了，妈妈说这次可不能再丢东西了。"豆豆说。

"对呀，你马上就要上小学了，自己的东西自己要保管好，不能丢三落四。"说完，我摸了摸他的头。

豆豆拉着自己的行李箱选了一个空旷的地方蹲下来，只见他慢慢打开行李箱，准备整理自己的行李，可是里面的东西却不断往外掉。他抬头看看我，我赶紧转过头去，没有和他四目相对。豆豆看着满地的东西

挠挠头，不知从哪里下手，估计这两天老师让收好换下来的衣物时他都是随便塞进去的。别的孩子都在热火朝天地整理着，有的还不忘拿出收纳设计图边看边整理，我就借机提醒道："不知道东西在哪里放的小朋友，不要忘了打开箱子里的收纳设计图看一看哦。"豆豆听完眼前一亮，在一片狼藉中扒出收纳设计图并仔细研究起来。"嗯，这个袋子在这儿。"他一边自言自语，一边找出 1 号袋子将衣物放了进去。这时，很多孩子都收拾好了来找我，豆豆有点着急了，抬头看着我。我对他笑了笑，说："没关系，不着急，我们等你。"

大概过了 20 分钟，豆豆第一次向我开口："老师，你能帮我拉一下拉链吗？"他应该是收拾好了，我走过去一看，只见物品整整齐齐地摆放在箱子中，和收纳设计图一一照应。"豆豆，你的箱子整理得真整齐，给你点个赞！"我夸奖道。这下孩子们的行李箱全都整理好了。

别看孩子们小，他们内在的潜力却是无限的。我们的鼓励支持就像是幼芽需要的阳光、空气、水，会给他们带去希望和勇气。在孩子们成长的道路上，静下心来等一等，说不定会有意想不到的收获！

生活课堂，成长之歌

我们的后花园

夏季，万物生长，一切都显得生机勃勃。两个月暑假过去了，耕读苑后花园里的植物疯长，稗草、狗尾巴草、拉拉秧茂盛得覆盖了鲜花和小树。

10月25日，孩子们入学已经有一个多月了，他们渐渐地适应了我们这里的环境，并且对身处的环境也越来越关注。"孩子们，我们的后花园杂草丛生，我们应该怎么做啊？""锄掉它。""打扫卫生。"孩子们纷纷发表自己的看法。在老师的组织带领下，孩子们安全有序地清除杂草，有的用手拔，有的用铲子铲，有的用小盆运送杂草，大家分工合作，忙得不亦乐乎。

"孩子们，咱们这块小田地清理干净以后用来种什么呢？""应该种花。""应该种菜。""应该种果树。""对，咱们可以种花、种菜，也可以种果树，但是在这之前应该怎么做呢？""老师，我知道，应该先给土地松土。"在老师和孩子们的共同努力下，花园里的这块小田地慢慢地显露出了它应有的面貌。

149

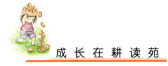

10月26日，孩子们在花园前再次集合。"孩子们，我们的小田地整理好了，如果有鸡、小兔子这些小动物跑来，我们怎么办啊？""把它赶出去。""把它轰走。""不让它进来。""对，怎么才能不让它进来呢？"我问道。"我们把这块地围起来。""好，咱们一起去找树枝做个栅栏，把它保护起来。"听我说完，孩子们开始寻找材料。在孩子们和老师的共同协作下，做栅栏的材料一点点地找出来了。

快看！我们整齐的小栅栏做好了。

10月27日，孩子们带着画笔画纸来到了花园前，他们准备进行耕种大设计。老师和孩子们一起构想这个园子应该种植什么、怎么种植。经过一个多小时的讨论，孩子们一致决定种植蒜苗。找来种子后，他们热火朝天地干起来了。蒜瓣要怎么种、种多深，孩子们都在动手的过程中一点点学会了。

不知不觉间，两个星期过去了，种下去的蒜瓣也在孩子们的勤劳浇水中从突露初芽变成纤纤蒜苗。

时间很快，日子很长，孩子们和蒜苗在耕读苑里一起快乐地成长着。

搭建临时厕所

这天，我拿起小铲子，抄起小铁锹，带领孩子们来到耕读苑一处比较空旷的地方，我们将要讨论如何搭建临时厕所并实施行动。

我问孩子们："在户外想上厕所怎么办？"问题一经提出，孩子们就纷纷分享自己的妙招："如果旁边有小树，我们可以去给小树浇浇水。""反正旁边也没人，我们就在这儿上厕所也没人发现。"还有的孩子一脸倔强："可以先憋着，等找到厕所了再上。"我接着问佳佳老师："还有没有别的更文明卫生一点的办法了呢？"佳佳老师很是配合："可以搭建一个临时厕所啊！"问题终于被引出来了："怎么搭建临时厕所

呢？先做什么？再做什么？"我以为这些城市里的孩子可能会有片刻的不知所措，没想到他们个个把小手举得老高，抢着回答。陶陶说："先用铲子挖个坑。"我问陶陶："你是怎么想到的？"陶陶盯着被我放在一旁的铲子，回答道："我看到你拿的有铲子，就想到了。"哈哈，真是机智的孩子啊！

我接着问："为什么要挖坑？"张张说："因为我们可以在坑里上厕所，如

生活课堂，成长之歌

果有人看到这里有个坑，就不会踩进去了。要是不挖坑，别人会一不小心踩到脏东西的。"张张说得好有道理。

我继续问："上厕所是件比较私密的事，怎么做才能不被别人看到呢？"孩子们的回答五花八门："躲在树后面。""盖一个茅草屋。""用布挡着。"那么问题来了："怎么用布把四面八方都遮住呢？"乐乐说："我会用木棍搭火堆，我们可以按照同样的方法，用长一点的木棍搭成火堆的样子，把布盖在那上面。"我都忍不住要为乐乐鼓掌了。我请乐乐用小木棍示范搭一个火堆，乐乐搭成的时候，其他孩子都忍不住为她鼓起掌来。"那要是没有布呢？"浩浩说："我们几个小朋友可以背对着围成一个圈，然后把我们的衣服撑开，帮上厕所的人挡着。"这些孩子真聪明啊！

上厕所的问题解决了，那上完厕所后怎么办？直接站起来走人吗？孩子们的回答当然是："不！"洋洋说："猫上完厕所都会刨土把粪便埋起来，我们可以学习小猫，用土把我们的臭臭埋起来。"说完还学小猫刨起土来。问题又来了："我们为什么要用土把臭臭埋起来呢？"浩宇说："太臭了，埋起来就不臭了。"烁烁说："埋起来更不怕路过的人踩到了。"宝宝说："埋起来更环保，我们的臭臭可以做肥料，如果以后农民伯伯在这里种植物，植物肯定长得更好！"我不得不感慨：孩子们都太棒了！

就这样，在一个又一个问题的引导下，孩子们自己讨论出了一套在户外搭建临时厕所的方案，并且动手搭建起来。实践证明，他们的方案

还是非常可行的。比起直接把答案告诉孩子，这样由孩子们自己想出办法更让他们感到自信骄傲。我们也应该给他们更多发挥的空间和机会，相信他们会给我们带来更多的惊喜。

我是它们的小主人

"老师，这个袋子我打不开。"

"老师，袜子怎么洗呀？"

哈哈，孩子们要洗袜子了！接收到这个任务后，孩子们表现出一副跃跃欲试的样子。

"我会洗！抹上肥皂搓一搓就好了。"

"我见过我妈妈洗。"石头迫不及待地分享着他观察到的经验，"把袜子放到水里，打上肥皂，搓一搓就可以了！"

"老师，我跟我姥姥学过，我会。"

孩子们七嘴八舌地分享着经验，分享完，他们都迫不及待地卷起袖子，开始洗袜子。雨泽一边洗一边还唱着歌。笑笑不一会儿就搓好了，在冲泡沫的时候，她惊奇地说："老师，我刚刚听到了特别微小的声音，好像是泡沫爆炸的声音。"说完她再一看，刚刚还很清澈的水，一下子就变得浑浊起来。

　　刘宝一边搓一边跟旁边的小朋友说："我发现抓着袜子的两头，搓中间的地方，这样能洗得更干净。"小宇听到后，马上改变了策略，按照着刘宝的方法，使劲地搓呀搓呀，搓得泡沫都溅到了脸上。他转着圆圆的眼睛说："我变成小雪人啦。"

　　洗完后，孩子们小心翼翼地把袜子夹在晾衣绳上。他们欣赏着随风飘动的袜子，深吸一口气，感叹道："哇！好香呀，像花香一样。"

　　也许孩子们洗过多遍的袜子上还残留着肥皂沫，也许有的孩子在反复取放中将袜子弄丢了一只，但是，这有什么关系呢？在孩子们心中，这像是充满乐趣的游戏，不是干活！不急不躁，即使爸爸妈妈不在身边，也要学会从每件小事中找到乐趣，认真过好每一天。这，应该就是孩子们在本次活动中最大的收获。

老师的寝室

打扫完庭院，就到了孩子们最期待的环节——检查老师们的寝室。因为今天要当小小检查员，孩子们别提有多激动了。

"老师的寝室跟我们的一样吗？"

"应该不一样吧，我们这么小的床老师肯定睡不下啊。"

"老师的寝室会不会有好吃的呢？"

"是啊，我也特别好奇，真想去看看。"

按照之前分好的五组，孩子们带着各自的好奇心向老师的寝室出发了。打开老师的寝室门，孩子们一个个争先恐后地探进了小脑袋。

"啊，这就是老师的寝室啊！"

"哇，好干净啊！"

成 长 在 耕 读 苑

"就是，真干净。"

"我想进去看看。"

"走啊，进去看看吧。"

"哇，老师桌子上有好多化妆品啊。这个我妈妈也有！"

"哎呀，你别进去，踩脏了怎么办？"

"那我脱鞋进去。"

"我也要脱鞋进去看看。"

孩子们检查结束了，按照之前讲的，要给老师打分了：

"哈哈，我先来。"

"让我看看你给老师打多少分。"

"别着急啊，我还没写完呢。"

"我不会写，我能给老师画个笑脸吗？"

"我要给老师打一万分！"

瞧一瞧、看一看老师的寝室，满足了孩子们对老师休息环境的好奇心；说一说、评一评哪些老师的寝室最整洁，孩子们感受到的是与成人一样的平等和尊重。

耕读苑里的"妈妈们"

温柔的羊妈妈

"咩咩咩、咩咩咩……"远处的草棚下传来稚嫩细微的叫声，两只小羊诞生啦！

得知这一消息的孩子们都兴奋极了，全都加快速度起床、洗漱、吃饭，恨不得马上见到刚刚诞生的小羊。

"小羊宝宝是什么样的啊？是不是特别特别小？"

"小羊宝宝会站吗？是不是跟我们小朋友一样，要长大一点才会站起来啊？"

"我已经迫不及待地想见到它们啦！"

"我们快点走吧！"

吃过早饭，我们决定一起去看看刚刚出生的小羊。一路上，孩子们开心地讨论着、猜测着。

"哇！我看到羊妈妈啦！在前边！"

一阵欢呼声打断了孩子们的交谈。不知不觉间，我们已经来到了草棚前。听到前面孩子们的欢呼声，后面的孩子们都飞快地跑了过来。

"哇！这就是小羊宝宝啊，它好小啊。"

"它真可爱！"

"不是说有两只小羊吗？怎么只有一只啊？"

孩子们围在小羊宝宝的身边，仔细地观察着小羊宝宝的一举一动。因为害怕惊到小羊宝宝，孩子们不约而同地把声音放小，似乎连呼吸声都变轻了。

听到孩子们提出的疑问，一旁的王主任轻声告诉大家："羊妈妈是

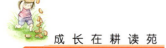

在羊圈里生的两只羊宝宝，羊圈里的羊太多了，另一只小羊被大羊们踩死了。”

“大羊们真是太坏了！”

“小羊宝宝好可怜啊，它的妈妈一定伤心坏了。”

王主任的话让孩子们忍不住把目光转移到了这个刚刚失去了一个宝宝的羊妈妈身上。羊妈妈被拴在一旁的柱子上，小羊宝宝跌跌撞撞地走过去，吮着羊妈妈的乳头。羊妈妈直直地站着，不时低头舔舔小羊宝宝。小羊宝宝“咩咩”一叫，羊妈妈的目光就立马转移到了小羊宝宝身上。

“羊妈妈好温柔啊！”

“你们看，羊妈妈还在流血呢。”

“它一定很疼吧！”

“你看，羊妈妈流着血还在喂宝宝呢！”

“羊妈妈好辛苦，还要喂宝宝，我们去摘些青草给它吃吧！”

孩子们把摘来的青草喂给羊妈妈，好奇又大胆的孩子想要伸手摸摸小羊，却惹来了羊妈妈的低吼声，大家都被吓了一大跳。

"你不能摸羊宝宝，你看羊妈妈生气了。"

"羊妈妈生起气来可真吓人啊！"

"羊妈妈肯定是担心它的宝宝了。"

"羊妈妈，你别生气啦！快吃青草吧！"

孩子们三言两语地分析着羊妈妈的举动。爱无须言语已一目了然，虽然语言不通，可从羊妈妈的神情和行为中，我们已经感受到母爱的温柔。在这个清晨，看着坚强又温柔的羊妈妈，孩子们感受到了母爱的力量。

能干的鸡妈妈

伴着蒙蒙细雨，我们来到了期盼已久的耕读苑。我们并没有因为天气而停下寻找快乐的脚步。换上准备好的雨鞋，我们缓缓地沿着潮湿的小路，准备去此次耕读苑之行最吸引孩子们的地方——鸡棚。没错，我们要来捡鸡蛋。

孩子们早已按捺不住心中的兴奋和喜悦，还没有走到目的地，就听到一个孩子说："老师，你看，那有好多好多的鸡呀！"说完就已经迫不及待地奔向鸡群，其他几个孩子也跟了上去。小鸡们看到我们这些"不速之客"，吓得四处乱跑。这时宝宝说："你们别跑啦，把鸡都吓跑了！""对，我们必须要小点声，不然这些鸡就不会下蛋了！"在几个孩子的提醒下，孩子们从一开始的欢呼雀跃变成了小心翼翼，慢慢地朝着鸡棚走去，生怕会吓到棚里的鸡。"哪里有鸡蛋呢？我怎么没找到呀？""我也没发现鸡蛋，是不是鸡妈妈还没有下蛋呢？""是不是刚下过雨，鸡妈妈不下鸡蛋了？"在孩子们的各种猜想和寻觅中，我们来到了鸡棚。这时，有一个孩子好像在一个角落里发现了什么，只听他喊道："你们快来看，这只鸡在下蛋！"他这么一喊，很多孩子都慢慢围了过来。"这只母鸡肯定在下蛋呢！""旁边为什么还有一只鸡？""它在这儿不走，我们怎么去拿鸡蛋啊，我去把它撵走。"孩子们讨论着如

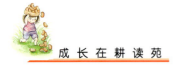

何才能顺利地拿到鸡蛋。"嘘！你们声音小一点，鸡妈妈在下蛋呢。""你不能过去，小心它发火！""老师，我们要不要过去把它撵走呢？""鸡妈妈很伟大，它把自己产下来的鸡蛋无私地奉献给我们，我们应该感激它们、爱护它们，要友好地对待它们！你们觉得我们现在要不要过去把它撵走去拿鸡蛋呢？""不要。""我们要爱护小动物，保护鸡妈妈。""那我们一会儿再来吧，别打扰它们了。"孩子们好像并没有因为这次没有拿到鸡蛋而感到失落，反而更加欣喜愉悦。

是呀，鸡妈妈真伟大啊！它们无私奉献的精神值得我们敬佩。鸡妈妈给孩子们带来了新奇和欢乐，也教会了孩子们更好地去爱！

无私的大地妈妈

带着妈妈的期许与牵挂，我们满怀喜悦地来到了耕读苑。在这里，能看见绿油油的田野；在这里，空气中弥漫着泥土的气息；在这里，我们和大地妈妈有了一次无比亲密的接触。

生活课堂，成长之歌

午休过后，我们漫步在生机盎然的果树林中。活泼好动的孩子们怎么会安于慢悠悠地散步呢？于是我们来了一场赛跑。看，孩子们铆足了劲儿往前冲，好像变成了赛场上的运动健儿。纵使太阳照得脸颊红红的，可孩子们的嘴边依然挂着笑容。

"哇，这里的土好软啊！"安安带着满脸的笑容和大家分享自己的发现。听到安安这么一说，臭臭立马接嘴道："因为这里是泥土啊，它们就是很软的。"

…………

没有提问，没有说教，大地妈妈将自己最真实的样子展示在我们面前，孩子们通过触觉感受和城市里不一样的土地。

大地妈妈的胸膛是宽广的，她无私地张开双臂欢迎着孩子们的到来。孩子们在这里奔跑、跳跃、翻滚、休息、做游戏、"找宝藏"……

"老师，快看，我发现了一个大宝藏！"

163

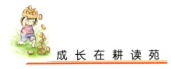

循声望去，只见小雨手里举着一个大草根，正眉飞色舞地招呼其他孩子过去观看。

"哇，你找到了什么宝贝啊？"

"就是这个啊，是我刚才从地里挖出来的。"

"那你可一定要保护好你的宝贝啊！"

在大人眼里毫无用处的草根被孩子亲手挖出后，竟摇身一变，成了"宝贝"。尽管这个草根无用，但是它带给孩子的快乐却是无价的。

大地妈妈除了给孩子们带来快乐，还哺育着万千生灵。看那绿油油的田野、金灿灿的油菜花、吐露新芽的果树，看那悠闲散步的白鹅、到处奔跑的小鸡、怡然吃草的牛羊……哪一个生命的成长能离得开大地妈妈呢？我们要以自己最好的姿态回馈大地妈妈，动植物如此，孩子们也应该如此。

荡秋千中的数学游戏

夕阳西下，柔和的阳光洒满大地，孩子们在游乐场里尽情地玩耍，有的玩跷跷板，有的攀爬，有的走平衡木，有的滑滑梯，还有的在荡秋千。荡秋千的是四个小女生——蝈蝈、糖果、闫宝和媛媛，她们笑着叫着，好不开心。

"一、二、三、四"，数数的声音吸引了我，四个小丫头在干什么？只见闫宝大喊"一"，第一个荡了起来；糖果喊"二"，第二个荡起来；蝈蝈喊"三"，第三个荡起来；媛媛喊"四"，第四个荡起来。接下来，闫宝喊"一"，第一个停住了；糖果喊"二"，第二个停住了；蝈蝈、媛媛依次喊着各自的数字停下。这不就是生活中的数学游戏吗？有规则、有次序、有条理，谁说数学活动只能在教室里进行？

　　带着好奇，我静静地观察，想看看她们怎么玩。按照刚才的顺序玩了几次后，她们开始更换顺序，糖果第一、蝈蝈第二……直到每个人都当了一回第一。玩的时间不短了，小丫头们还有新花样吗？只见她们简单沟通后，一起喊"一、二、三、四"，四个人一起荡了起来，接着又一起喊"一、二、三、四"，四个人又同时停了下来。也许是第一次尝试新玩法，四个人的节奏不够整齐。显然她们意识到是起步还不够整齐，于是商量：一个人先喊"荡秋千"，其他人接着喊"一、二、三、四"，然后大家一起荡起来。

　　经过几次尝试，小丫头们居然做到了同时荡起来，同时停下来。自发的数学游戏，让孩子们体验到了在玩中学的乐趣。看，她们多开心、多惬意啊！

真情难掩，一路欢歌

　　每学期，耕读苑之行总是孩子们最热切的向往，总是家长最期盼的远行，总是教师们最喜爱的课程内容。孩子的语言感动着我们，孩子的智慧启发着我们，孩子的欢乐感染着我们，孩子是天地间的小精灵！

　　成长仿佛就在一瞬间：画纸上有孩子与天地的对话，凝视飞鸟时有孩子诗意的思考，每一串脚印都是成长，每一滴眼泪都有感悟！

　　让我们倾听来自家长、老师、保健医的心声吧！

食育堂的雪

晨间锻炼

植物拓印

衣物清洗

老师就是妈妈

今天是耕读苑大家庭大团圆的重要时刻，非常荣幸能在这里和大家分享我儿子兵果在耕读苑一年来的成长历程。我通过他在生活中的变化，感受到他的成长和进步。在此，我先代表家长们感谢所有为孩子付出大爱与辛苦的老师们！

"在耕读苑，老师就是妈妈！"这是儿子的话。儿子那次在耕读苑反复发烧了 2 天，当我们去看他时，我问："兵果，你生病时有没有想妈妈？"本来想着如果他想爸爸妈妈的话，借这个话题也让他释放一下。谁知，儿子很淡定地说："不想！"我心中一惊，难道是他赌气不想交流？于是我赶紧接着问："你真不想妈妈？"儿子暖暖地看着我说："在耕读苑，老师就是妈妈！"我心中瞬间充满了感动，当我把这句话发给班主

任余老师时，余老师开玩笑地说："请问你有什么感受，有没有失落感？"想到为了一个生病的孩子，耕读苑的老师们因为24小时轮流守护、每半小时测一次体温、用食疗和中医推拿的方式调理而彻夜不眠时，我悄悄擦掉已经流下的泪，回道："好感动！孩子的爱是最纯净、最细腻的！你们为孩子们付出的点点滴滴的爱，在孩子心中已经汇成了海！"老师对于付出早已经习惯了，但在耕读苑成长的孩子，以天地为课堂，以自然为老师，也早已经在心里学会了感恩！学会了爱！

食育让儿子更健康

第一次听说食育，是在2017年春季开学的时候。幼儿园要创办食育实验班——天地课堂，张秋萍园长给大家讲了食育的理念。食育就是尊崇天地自然之道，传承中华优秀饮食文化，保护生态环境永续，增进人类身心灵康乐的基础教育。兵果爸爸听到这样的理念，第一反应就是：这不就是我们梦寐以求的教育吗？它能让孩子真正地生活在这天地之间，像在大自然中生长的一棵小树苗，沐浴着日月之精华，感受着四季的变化，感受着微风轻抚，感受着狂风暴雨。兵果爸爸常教儿子一句话：选择大于努力！事不宜迟，我们第一个给兵果报了名！

儿子是幸运的，因为耕读苑生活早已把他打造成了更健康的小男子汉！在第一次家长半日观摩活动中，我们终于亲眼看到了儿子挚爱的耕读苑，明白了为什么他放假时会念念不忘地说：这个时间，如果在耕读苑，我们在干什么；理解了食育教育的精髓：学自然、自然学！

自然学

耕读苑有着广阔的空间，各种果树上硕果累累，鸡鸭羊成群欢跑鸣叫，一派生机勃勃的田园景象！儿子带着我们一起在太阳下挥汗奔跑着，快乐地要把他生活的这个地方都介绍给我们。

儿子带我们走过桃园时会告诉我：桃子只红是不甜的，要又红又软才甜！我心里窃窃发笑：这样的经验，不知道是在这桃园里捏过、尝过多少桃子才积累的呢！走过杏树林时，我发现一个被鸟啄过、看着有点烂的杏儿，我问儿子能不能吃，儿子告诉我："妈妈，鸟儿会吃最甜的果子，这个肯定很甜！"尝了一下，真的好甜！听见鸡咯哒咯哒叫，儿子会告诉我："一会儿母鸡就下蛋了！"不一会儿，我们果然听到一个小朋友欢呼："我刚在树下捡了3个鸡蛋！"

儿子生活在大自然中，与自然、动物和谐相处，学会了观察自然，这是在城市的课堂中、在书中永远也无法学到的！

儿子是个超级兴奋的小导游，带着我们去看他洗澡的地方、玩儿水系工程的地方、骑轮胎的地方、自己动手做饭洗菜的地方、爬战壕的地方、斗鸡的地方、放许愿石的地方、挖地道的地方……跟着儿子一路跑一路听，觉得他要用尽自己的努力让我们去了解他的世界，他的这个神奇的世界！看着儿子因为激动而涨得通红的小脸儿，看着他眼中闪烁着的热烈，看着这个无限的自由空间，想着他之前疯玩儿时老师抓拍的照片，一幅幅场景生动地浮现在我脑海里。

在耕读苑这样的环境中，孩子们亲身

去体验、感受、探索，利用大自然提供的原始材料，制作银杏花束、树杈照片架、桌布、桌旗，创造出用钱买不到的惊喜；他们在自由的玩耍中发现了大自然的美，学会了动脑筋解决问题，充分体会到了战胜困难的成就感。希望在安全范围内，孩子们尽可能地玩得再疯一点儿，再多一些体验！

学自然

孩子在大自然中自发地学习，提高了认识大自然的能力，学习了和小朋友、大朋友相处的方法，也培养了解决问题的能力。

上个月在与食育专家朱春兰老师交谈时，她说暑假可能会讲授一次主题为食育的宣讲课，我开玩笑地说：可以让兵果随团了，他现在的宣讲能力太强了！在旅行中、在能听懂他说话的地方，他总是不失时机地宣传食育知识。

我之所以这样讲，与不久前的一次旅行有关。在飞机上，我突然发现好大一会儿没见到去上厕所的儿子了！当我找到他时，他正和空姐交谈，他说："咳嗽要喝陈皮水，有黄眼屎时要喝菊花水，积食要喝山楂水，感冒要喝柠檬苹果水。你刚才有点儿咳嗽，你要多喝陈皮水，就是把陈皮弄成丝煮水，我们耕读苑就是这样煮的。"空姐说："你可真厉

害啊，像个小中医，我回去就试试！"不到6岁的儿子一脸认真骄傲地说："不用谢，多喝陈皮丝水，我咳嗽都是这样治好的。"我一想，是啊，不知不觉中，儿子已经教会了我用很多食疗的知识调理他自己的问题。他教我："妈妈，我撒的尿有点儿蜂蜜黄，我喝水太少了，今天得多喝点儿。""妈妈，我今天拉的臭臭有点儿稀，你今天给我烤大蒜吃。"他会在家庭聚餐时观察家人并做出诊断："姐姐有眼屎，让你妈妈给你煮菊花水喝吧。""奶奶，你的舌苔有点儿厚，煮山楂水喝就好了。"被诊断的人确定兵果诊断的症状自己也有感觉到，夸他说：咱家又多了一个小医生！兵果满脸的自豪！他还不失时机地补充一句："晚上别吃大鱼大肉，要不会积食！"引得全家人哈哈大笑。我静下心来仔细回想，兵果好像每次都在病症初现时提前做了预防。如果在家，他会及时提醒我给他煮什么水喝，吃什么食物治疗；如果在耕读苑，他会每天对着小镜子看舌苔、看眼睛自诊，还会根据自己拉的臭臭的形状、小便的颜色来确定耕读苑常备的4种水中今天应该喝哪一种。真是神奇的食育！

食育让儿子尊重生命

某个周末，儿子一定要鸽子蛋，兵果爸爸带着他四处找，最后在一个养鸽子的爷爷那里找到了2个。我还想着是不是平时学校门口有卖鹌鹑蛋串儿的，他想让我给他做了吃。谁知他却说："妈妈，这个不是要吃的，你把它放到冰箱里，等它孵出小鸽子。"听到我说需要一定的温度一定的时间才能孵出来时，他说："那你把它们放在我屁股底下吧，我给它们做妈妈！"我说："你屁股那么重，还不把它们压碎了？况且，得21天才能孵出来呢！这么久的时间你的屁股不能离开鸽子蛋啊！"儿子想了想说："那我拉臭撒尿咋办？"最后终于想出了个办法：等耕读苑的母鸡要孵小鸡时，把鸽子蛋也放在鸡妈妈肚子下。他还说："等小鸽子生出来，鸡妈妈一看，这个孩子这么小，还得多给它喂食儿呢！对不对，妈妈？"儿子一脸的欢喜，一脸的憧憬！

很多家长可能都见过兵果以前提着青蛙去幼儿园吧？每周一在幼儿园集合出发时，他都会一手拉着行李箱，一手提着一个大瓶子，里面装着一只青蛙。为了养好它，兵果学习给小青蛙换水，了解小青蛙吃什么。估计耕读苑的很多小朋友都一起养过这只小青蛙，他们在哪儿玩，青蛙就放在哪儿，如影随形。有一天，老师发来照片，那是一张兵果拿着大瓶子在抽泣的背影照。那时，我们才知道小青蛙死了！我们都明白小青蛙对兵果的意义，想着他肯定很伤心。我在家也忍不住地流泪。第二天，兵果爸爸去疏导兵果情绪的时候，兵果带着他去看埋葬小青蛙的地方，并告诉我们："老师讲了，有生命的动物、花啊、草啊，都会死的，所以，养它们的时候要好好爱它们！青蛙是要生活在大水塘里的，它会抓虫子。现在我还有一点点儿伤心，不过，没事儿了。"一个不到6岁的小孩儿，他能感受到一个小小生命的重要，感受到失去生命对爱他的亲人朋友的影响，我被深深地感动了。孩子虽小，但能感受到他对生命的尊重，对亲人的爱！

在耕读苑里长大的孩子们，每天看着羊妈妈给小羊哺乳、鸡妈妈带着小鸡捉虫，一定会心与自然相连，爱惜着一花一草，爱护着鸡羊虫鱼，待他们长大之时，爱亲人、爱朋友、爱自己的能力已得到提升。我想，身为父母的我们会因此减少对孩子的担心与挂念。

在耕读苑生活了一年的儿子，身体越来越壮实，饮食越来越自律，

生活越来越独立。我想，见证着孩子变化的家长，都会明白食育对孩子健康的重要影响。

选择大于努力！我们庆幸我们选择了河南省实验幼儿园，选择了耕读苑，选择了一直在耕读苑！希望通过这次分享，让更多的家长更深入地了解耕读苑，了解食育将会给孩子带来一生的财富！

最后，借用儿子最爱的电影《星球大战》中的一个句式，来表达我们的希望：食育与我们同在！

2018，让我们继续在一起！

猜猜谁最长

吃完早饭，我把孩子们带到耕读苑的大门口，孩子们疑惑不解地问："不会是让我们回家吧？"

"我们才来一天啊！我可不想走。"孩子们小声嘀咕。

我组织大家站好后，拿出了一张图，故意清了清嗓子说："今天，有任务要交给大家去完成。一会儿我们用步子测量两条路线的长度，比一比哪条路线长，哪条路线短。记住了：起点就是这儿——耕读苑的大门，终点就是那儿——我们住的木头房子6615号房间。路线1：从大门走到食堂，再从食堂走到小土坡，然后从挨着沙坑的小门进入，最后走到6615号房间门口。路线2：从大门走到鸡棚前面的小门，然后进门直接走到6615号房间门口。"

　　"听明白了吗？你们觉得这两条路线哪个比较长，哪个比较短呢？"我问道。毛头自信地回答："当然是路线 1 长，路线 2 短。"

　　可是反对意见很快就出来了："不对，应该是路线 1 比较短，路线 2 比较长。"

　　到底谁说得对呢？用什么好办法可以测量出这两条路线的长度呢？孩子们各抒己见：有的说用尺子量，有的说用小木棍测量。可手头没有尺子和小木棍，怎么办？最后在老师的启发下，孩子们选择了一个最方便快捷的方法：用步子进行测量。

　　为了验证两条路线的长短，我先请暖暖和二宝各选一条路线，各自按照路线图，开始徒步测量。不一会儿，两个人报告说：路线 1 的步数为 387，路线 2 的步数为 265。难道真的是路线 1 长吗？我又请大家观察暖暖和二宝：他俩的个头一样高吗？他俩迈出的步伐的长度一样吗？经过比较发现：二宝的个头高，迈出的步伐比较长。这样就不好比较路线的长短啦。后来，又让他俩交换路线，得出：路线 1 共 331 步，路线 2 共 316 步。再次比较，我们得出结论：路线 1 长，路线 2 短。

　　知道了测量路线，明白了测量的方法及注意事项，孩子们开始了新一轮的测量。孩子们认真走着，仔细数着脚下的每一步，生怕自己错数了。终于测完了，结果和二宝、暖暖测量的一样：还是路线 1 比较长，路线 2 比较短。

　　后来，孩子们自由结合，寻找新的路线，用同样的方法去测量新路线的长度了。

　　漫步在耕读苑的小路上，也可以完成一节有趣的数学课。这才是我们提倡的——在游戏中学习，也是孩子们最喜欢的——边玩边学。

木桩游戏

吃完早餐，我宣布："今天我们会有不一样的活动！"

"我们这是去哪儿啊？这儿怎么都是小树桩啊？"皮皮首先发现了这里的与众不同，他一个人小声嘟囔着。

"到了，这就是我们的活动地，今天我们和树桩一起玩！"

孩子们大声嚷嚷着："木桩有什么好玩的！"我故意装作没有听见，看我不理他们，孩子们只有自己去玩了。我在一旁观察他们，发现他们居然开发了许多玩法：跳木桩、绕木桩跑、拔木桩……等大家跑热了，我招呼大家集合，漫不经心地问："谁知道这里有几个木头桩子呀？"孩子们大眼瞪小眼，答不上来。他们只顾玩了，谁都没在意。

再次玩完回来时，孩子们打开了话匣子："老师，你看，这些木头桩子组成了一个小山的形状。"

"老师，我都数了好几遍了，还是没数清到底有多少个树桩。"

"好奇怪呀！一会儿就数乱了，我也记不清哪个数了，哪个没数。"

"看我这脑子，又数混了。"

哈哈，小家伙儿们终于服输了。"想个办法呗！"

我在一旁鼓励大家。

"我们需要按照一个方向数，我来试试吧。"天天自告奋勇。

"这真是一个好主意，但是数到最后会忘记刚才数过几个木桩，这怎么办啊？"果果说。

我继续观察，不发表意见。突然，六一叫起来："我们可以做个标记呀，这样就不怕忘数和乱数了。"

"办法不错，试试吧，看看这个方法行不行。"就这样，大家开始数起了木桩。经过反复点数，大家终于达成一致：用做标记的方法点数木桩既准确又高效。

孩子们骄傲地说："哈哈！这下又多了一样本领——做标记。以后再也不怕东西多数不过来了。"

在耕读苑，有趣的事真不少。这里的每一天都很神奇，都给孩子们留下了难忘的印象。耕读苑，我爱你！

有趣的跷跷板

耕读苑的游乐场里摆放着各种各样的玩具设施：秋千、滑梯、小木桩、跷跷板、石磨……这些仿佛具有魔力的玩具深深地吸引着孩子们。

"跷跷板，跷跷板，两边一样远，支点立中间。像个小天平，也是小杠杆。伙伴两头坐，轻重立刻现。"我们一边念着儿歌，一边走进了游乐场。

只见两个孩子迫不及待地冲上跷跷板，稳稳坐好。他们双脚用脚尖点地，身体顺势向上跃起，一上一下，忽高忽低，就像两只飞舞的小蝴蝶，快乐无比。

体格大的孩子每次都将小伙伴跷在空中，然后故意吐着舌头、晃着脑袋，俏皮地坐在下面不动，看着对方挣扎好半天。我被他们的举动逗得捧腹大笑！他刚把对方放了下来，这时又来了一个小朋友，一屁股坐在了对面的跷跷板上，重量一下子就发生了转变。这一次刚才还得意洋洋地吐舌头的孩子一下子被高高地跷在了空中，着急地呼喊着："救命啊，谁来救救我？"

孩子们过来围观。"空中一个人，下边两个人，重量差距这么大，这可怎么办呢？"我发问。

　　跷在空中的孩子被放下来之后，有人提议：我们两边站，分两队比赛，哪队跷得人多为胜。大家很是配合，自发分队，还有啦啦队呢！

　　在啦啦队的助威下，比赛拉开了序幕。"跷跷板，跷跷板，两边一样远，支点立中间。像个小天平，也是小杠杆。伙伴两头坐，轻重立刻现。"孩子们玩得兴高采烈，我也被他们吸引了，忍不住也加入了比赛。作为成年人，我的重量自然比小孩子重，我故意压下去不动，被跷在空中的孩子叫了起来："不公平啊！我不能认输啊！""哈哈，太有趣啦！"

　　就这样反反复复，我们一直玩到累得躺在草地上一动不动，任凭阳光照射在我们身上，暖暖的！

拔呀拔

　　小班的宝贝也可以去耕读苑啦！他们带着好奇和兴奋，在哥哥姐姐欢迎的锣鼓声中开始了耕读苑之行。对于他们来说，这里的一切都很新奇。走走看看，我们来到了红薯地。孩子们像发现了宝藏一样，开心地跑进地里拔红薯。

　　潼潼抱着拔好的红薯说："老师，咱拿回家做菜吧！"

　　悦悦擦了擦脸上的土，开心地说："我拔了一个大红薯。"

　　远处的兜兜着急地大声喊："老师，快来呀，这有个大红薯。我拔不动！"

　　"好的，你等着，我马上到。"

　　一群孩子也跑过去看热闹，瞬间把兜兜围在了中间，可就是没人来帮忙拔红薯。兜兜站在中间，小脸都急红了。我灵机一动，唱道："拔红薯、拔红薯，哎哟哟、哎哟哟，哎哟哎哟拔不动……"

　　也许是得到了启发，孩子们开始帮兜兜拔红薯了。邵子权最先跑到兜兜的身后，拉着兜兜

腋下的衣服,一边往后拉,一边喊:"加油!加油!快来帮忙呀!"接着赫赫跑到邵子权的身后,拽着他的衣服往后拉,再接着是潼潼拉着赫赫的衣服……活脱脱一个"拔萝卜"在线表演。奇迹发生了,大红薯被拔出来了。孩子们笑了,笑得好开心。

　　一个多小时去了,拔的红薯已经堆成了一座小山,我招呼孩子们集合,准备离开这里,可他们久久不愿离开。看来,孩子们太喜欢这里了!

保健医手记

我刚到基地，就从老师那里听说有一位小朋友呕吐了。我习惯性地检查了他的舌苔，舌苔色黄而厚腻，口腔还有酸臭味。接着我询问了他最近的饮食情况，他说他的爸爸妈妈周末喜欢带他去外面吃饭，这周末吃了牛排大餐，他一人就吃了一份。这一下大家全明白了，因为一个3—6岁的幼儿一天需要食用的肉量也就是50—100克，而他呢，一餐吃了两天的肉量，再加上他的消化功能未完善，所以出现了呕吐、咳嗽等症状。

到了孩子每天自诊的时间，妞妞和蛋蛋这对双胞胎姐弟也是舌苔黄厚，他们也是因为周末没控制住食量。针对这3位幼儿的症状，我煮了萝卜陈皮水给他们饮用。上午下午各饮用200毫升，饮用3天，孩子的症状就好转了。我们也及时和家长做了沟通，家长也特别理解与认可。积食时也可喝山楂水，焦三仙水的食疗效果也特别明显。

自诊包括舌苔辨识和大小便的观察。耕读苑里的每一位孩子都知道积食、咳嗽、感冒、便秘等症状都可食疗，明白食物不但能给予身体成长需要的营养和能量，也能调理身体的不适，借此他们也对食物原材料的认识、生长、采摘等产生了更大的兴趣。

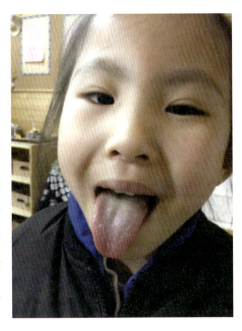

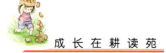

阳阳的蜕变

今天来了一名叫阳阳的小朋友。这个孩子性格不像他的名字那么阳光灿烂，经常皱着眉头、歪着头，而且说话还带着哭腔，看起来非常不开心。开饭的时候，其他小朋友津津有味地进餐，阳阳对着饭菜发呆，一点菜也不吃，老师耐心地开导他，最后他只吃了一点点；到了午休时间，阳阳又开始犯愁了，原来他不会脱衣服，也不会找其他人帮忙，老师一边帮助他一边教他。日子一天一天地过去，在耕读苑环境的影响下，阳阳开始吃菜了，自理能力也不断提高，脸上露出了灿烂的笑容。阳阳不到一个月的变化，大家有目共睹，家长由衷地表示感谢。从小培养幼儿的自理能力，满足幼儿不同年龄段成长的需求，对幼儿性格和心态的影响极其重要。

木木视力的改变

木木是一个性格开朗的孩子。他的左眼视力只有 0.6，右眼视力为 0.8。对于一个 6 岁的幼儿来说，他的视力是不达标的。这学期，他的家人一致决定把木木送到耕读苑这个自然的天地里生活。在这里，他积极参加户外活动，不挑食，乐于和小朋友交往。木木的手工最棒，他的作品每次都被展示出来。一个学期亲近自然的生活快结束了，第 4 个月的体检结果显示，木木的左眼视力达到了 0.8，右眼视力达到了 1.0。基地开阔的视野、户外的锻炼、天然的食材提高了木木的视力，家长非常欣慰。

在耕读苑原生态的环境、传统的文化氛围中，孩子们日出而作、日落而息，遵从自然规律，获得了无穷的能量和巨大的精神财富，提高了身体素质和心理素质，为以后的成长打下了坚实的根基。

依天傍地耕读苑

2012 年，河南省实验幼儿园创建了耕读苑，它占地 222 亩，地处新郑市薛店镇赵郭里。2016 年，耕读苑被河南省教育厅批准为"河南省学前教育食育实践基地"，开辟了孩子们的天地课堂。

在耕读苑迎接第一批孩子时，一副对联贴在了院门口，上联"民以良食为天"，下联"教以食育为先"，横批"耕读苑"。张秋萍园长为孩子们饱含深情地致辞："从今天起，星星将为你们放哨，月亮将为你们照明……尽情感受风霜雨雪、雷电虹霓；感受自然的神奇与伟大；真学、真玩、真长。"

耕读苑里果树成荫，农田连片，孩子们的生活设施完善，各种游戏场地遍布其中，露天泳池、沙地球场、管道迷宫、欢乐壕沟散布在苹果树、桃树、梨树、枣树、核桃树、柿子树下，轮胎课堂、迷宫课堂、磨盘课堂安放在葡萄园、红薯地、花生地周边。耕读苑还建立了蜜蜂学校、养蚕基地、莲花池塘，仿建了最具中原乡村文化特色的食育堂，展示古老的农具，为孩子们深度体验农耕文化提供了宝贵的学习资源。

耕读苑的活动组织分为两种：一是常态化的青青学堂长期班，每年招收 30 人左右，一年四季周托在耕读苑，教师们为这些孩子单设特色课程，让孩子们在天地之间成为自然之子，寒来暑往、风霜雨雪都是孩子们成长中真实而宝贵的经验。二是体验式的耕读苑短期活动，小、中、大班每学期前往耕读苑 1 天、3 天、5 天不等，课程设计独具特色，充分挖掘耕读苑里的教育资源，开设食育活动、生活活动、游戏活动、体能活动、探险活动等，为孩子童年生活打下深刻的烙印，积累宝贵的童年经验。

每学期，耕读苑之行是孩子们最热切的向往，是最受家长们期盼的远行，是教师们最喜爱的教育组织形式。无论是长期班还是体验班，收获最大的始终是孩子们。

日出而作，日落而息。在耕读苑，孩子们的生活作息时间顺应天地时辰，远离手机、电视、网络，更多地与同伴、老师、大自然相处，呈现最自然的健康态。

空气清新，食材安全。在耕读苑，孩子们充分开展食育活动，四季交替，孩子们在农田学习扎篱笆、拔杂草、种植、采摘、喂鸡、收蜜、摘果、养蚕，在健康的土地上收获健康的食材，滋养身心，促进健康。

锻炼体能，维护健康。在耕读苑，孩子们最大限度地在户外沐浴阳光、空气，与土壤、砂石、植物、动物为伴，在游戏场里尽情嬉戏、锻炼，体格逐渐强壮，视力逐渐提升，机体调节适应能力逐渐提高。遍地的中草药成了孩子们健康的保护神，不用药、少用药、药食同源的理念深入人心。

能力提升，智慧生长。在耕读苑，教育与生命紧密连接，放手孩子的成长，将生命还原于真实、自然的生活之中，自己的事情自己做，用心感受自然，进而敬畏自然、保护自然，感受自然的神奇与伟大，孩子们能力自然提升、智慧自然生长。

情感真诚，热情大方。在耕读苑，广阔的空间自然引发孩子们更多的合作、互助行为，有趣的活动释放天性，孩子们待人真诚、热情大方，语言表达更为丰富、生动。

每年，耕读苑都会接待来自各个国家、各个省份、高校的专家、同行以及国培学员。2015 年河南省学前教育宣传月在耕读苑启动，2016年河南省省级示范性幼儿园园长聚集耕读苑交流互鉴。

耕读苑里每天都在发生着耐人寻味的动人故事：无论是春天油菜花

田里的写生，还是夕阳里鸽子归巢、草鸡上树；无论是果树林的观光穿梭，还是葡萄园里的嬉闹追逐；无论是星光下露天泳池里的快乐戏水，还是烈日中沙地球场的世界杯角逐。那坑道边烤红薯的香气、田地里新鲜蒜薹辣出的眼泪、放羊牧鹅的吆喝声仿佛就在昨天，西瓜的甘甜、花生的香糯、鲜枣的脆爽还在回味，一个个活泼机灵的孩子就在眼前。

不忍说再见，只因难忘耕读苑。

徐　菁

2021 年 12 月 31 日

（徐菁，河南省实验幼儿园副园长）

依食而养　借食而育

（后记）

与"食"相遇，是一场美丽的邂逅。

习近平总书记指出："没有全民健康，就没有全面小康。"食育关乎健康，是健康中国的教育基础。在众多食品安全事件频频曝光于大众视野的背景下，河南省实验幼儿园于 2007 开始关注餐桌、食材、土地与幼儿生命健康的关系，思考着一个新的命题：让食育走进教育的视野！

十多年的不懈努力契合了"健康中国"以及建立健全健康教育体系的基本国策；基于中医、饮食、农耕文化的食育探索也为弘扬中华经典文化找寻了一条可行之路；幼儿园食材可溯、餐桌安全、为健康而饮食的实践与思考也最大化地回应了公众尤其是家长对幼儿饮食安全、健康的紧迫诉求。

我们将食育牢牢地扎根于中国传统文化的土壤，探寻着中国特色学前教育的创新之路，留下了一串串坚实的脚印——

2007 年起，我们走遍了优质食材产地，为孩子们寻找安全的食材基地，组建跨领域研究团队，使食育的内涵逐渐丰富和完善。

2011 年起，我们创建了儿童食育工坊，开创了耕读苑。耕读苑被河南省教育厅批准为"河南省食育实践基地"，为孩子们提供了深度体验农耕生活的广阔天地。

2017 年，我们承办了第一届儿童食育大会。这一年，我们建立起国内第一家幼儿园食品安全快速检测实验室，把好食材到餐桌的最后一

道安全防线。同年建成中医药文化背景下的幼儿园医务室，实施子午流注一日作息制度，实现了医务室到保健教室的转变。

2016年，《基于中国传统文化的幼儿园食育创新实践研究》教学成果荣获河南省基础教育教育科学研究成果一等奖；2018年，《基于中国传统文化的幼儿园食育创新实践研究》获国家级教学成果二等奖；2021年，《幼儿耕读教育的河南实践——以河南省实验幼儿园耕读苑为例》获河南省基础教育教学成果特等奖。

2017年，食育被列入《河南省第三期学前教育行动计划》（2017—2020）；2020年，河南省"百所食育试点园"启动，全省遴选100所"食育"试点单位……

十多年来，河南省实验幼儿园从食育理念到食育行动，积累了大量的实践研究资料，并于2016年组建了课程方案整理编写小组，经过长期酝酿、精心组织、反复修改，于2018年出版了《食育儿歌》《幼儿园食育课程指导》《幼儿园食育环境创设》《家庭食育》《耕读苑里的故事》《自然物语》等系列食育丛书。

回顾食育十多年，深深感谢各级政府对"食育"研究的关心与支持；深深感谢因"食"结缘的众多专家、学者给予我们的无私帮助；深深感谢河南省实验幼儿园教师、科研、管理团队，正是老师们一次次地尝试、改进，正是科研团队一次次地提升、完善，正是管理团队不遗余力地推进、落实，才使食育的理念得以落地生根、枝繁叶茂、开花结果。

我们希望借由此书，让"食育就是尊崇天地自然之道，传承中华优秀饮食文化，保护生态环境永续，增进人类身心灵康乐的基础教育"的理念更为广泛传播，为同道人、同行者提供实践参考。我们更希望吸纳更多的幼儿园、家庭和社会力量做食育、讲食育，最终让所有的孩子能够健康成长。

基于中国传统文化的食育探索让我们立足教育生活化，依食而养，借食而育，打开了中国特色学前教育的一扇窗。今后，我们将继续依循中国人的智慧，怀揣伟大的教育梦想，不忘初心、砥砺奋进，前行于专业自信、教育自信、文化自信的追梦之路，为孩子们的健康成长奠定坚实基础，为培养德智体美劳全面发展的社会主义建设者和接班人、为培养担当民族复兴大任的时代新人不懈努力！

特别鸣谢：

河南省教育厅

河南省教育科学规划与评估院

河南省基础教育课程与教学发展中心

河南人民出版社

《学前教育研究》杂志

北京师范大学　冯晓霞教授

华东师范大学　华爱华教授

国家行政学院　张孝德教授

华东师范大学　周念丽教授

南京师范大学　虞永平教授

东北师范大学　王小英教授

广州大学　叶平枝教授

南京师范大学　王海英教授

中国人民大学　生吉萍教授

河南大学　岳亚平教授

北京师范大学　冯婉桢教授

河南中医药大学　侯江红教授

南阳张仲景医院　韩丽华院长

北京中康食养医学研究院　朱春兰院长

河南省奇门医派中医研究院　张志超院长

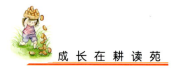

食育插画师　朴提

河南在成长信息技术有限公司杨江波团队

感谢多年来一直关心支持河南食育的专家学者，以及河南省实验幼儿园全体教职员工和家长们！

河南省实验幼儿园